初級練習帳

THE 点字習得テキスト

◆福祉を学ぶ学生や視覚障害教育に携わる人たち，ボランティアの人たちに

ジアース教育新社

は じ め に

近年高齢化社会を反映して、介護福祉士の資格を取る人が多くなっています。大学や専門学校で福祉の講座等で点字の学習が取り入れられています。私も盲学校を定年退職し、2005年より複数の大学で講座を受け持っています。講座は概ね前期または後期の15週であり、視覚障害者の実情や介助の講義・実習・試験等を含めるとそれほど多くの時間が取れません。その限られた時間の中で、点字の読み書きを一通り習得させる必要があります。学生たちには市販の点字の解説書を参考書にして、他に毎回プリントによる課題を出していました。今回それらのプリントを整理し、大幅に加筆修正追加して、体裁を整えテキストとして出版しました。

この編集に当たっては、長く点字にかかわり多くの点字関係の著書がある黒﨑恵津子さんに協力依頼しました。幸いにも「特別支援学校・盲学校等の初任の先生にもテキストが必要」と、快く承諾いただき、安心して編集に携わりました。

本テキストは、基本的に講義を受けていることを前提にしたものであります。そのため、説明・解説等はできるだけ要点のみで簡略にし、練習課題を多くするように心がけました。また、読みと書きの問題を基本的に対（つい）にして解答ページの縮小に努めました。

実際の講座では、本物の点字を出来るだけ使用することが望ましいのですが、点字プリンターが設置されていないところもあり、限られる場合があります。また時間の関係上特殊音や外国語は説明だけで、練習時間はなかなか取れないのが実情ですが、学生には点字の一般的な文章の読み書きができ、手紙が書けるようになることを目標としています。さらなるステップアップやより専門的な点訳・墨訳を目指される方は、これを土台として、市販の解説書、辞典等を参考にして力量を付けられることを願っています。

本書が、福祉を学ぶ学生や視覚障害教育・視覚障害者に携わる関係の人たちの、初めて点字を学ぶ初級の「点字習得テキスト」として活用されることを願っています。

米谷　忠男

THE 点字習得テキスト ── 初級練習帳 ──

書きの練習

点・字・に・つ・い・て・1

点字とは、文字通り点でできている文字です。視覚障害者が指で触って読む文字です。点は、横2点縦3点の6点の⠿の構成でできています。

テンジ　このように点の構成でできている文字で、文章や書物を読んだり、点字器で点字を書いたりすることができます。実際の点字は点が盛り上がっていますが、⠿のように点字をそのまま墨字（スミジ）（点字に対して一般に使用されている文字）にしたものを墨点字（スミテンジ）と呼んでいます。

一般に視覚障害児は小学校に入学して、視力等の度合いにより点字の文字を学びます。習熟すれば、墨字（活字）の読み書きに近い速度でできるようになります。しかし一文字一文字が表音文字（カナ）で表されていますので、同音異義語（医師・石・意志）等は文の前後で判断しなければならず、また指で一文字一文字読みますので、全体及び数行を一瞥できないもどかしさや、さらに点字の点の大きさもほぼ決まっていますので、1ページに収まる文字に限りがあります。そのため点字の本は分厚くなったり、冊数が多くなったりします。そのような不便もありますが、視覚障害者にとってとても大切な必要な文字です。

点字の本は、一般の本屋さんでは販売していないので、全国各地に点字図書館があり利用されています。東京の高田馬場には日本点字図書館があります。どの図書館も郵送（無料）での貸し出しで便宜を図っています。

この頃街でも点字を見かけることがよくあります。駅の券売機のところや、エレベーターのボタンのところに　アケ　シメ　とか、階を示す　1　2　3　等の表示があります。また、ビール類とジュース類を間違わないように、ビール類の缶のふたには一般に　お酒　と書かれています。

点字のメニューがあるお店もできてきました。バリアフリーの時代、もっと色々なところに使用されていくでしょう。さあ！　点字を学んで、街の点字も発見して読んでみましょう。そして視覚障害者との交流等を含めて、点字の技能の向上を目指してください。

読みの練習１　清音（50音）

❶	❹
❷	❺
❸	❻

読みの点字（凸面）

⠁	⠃	⠉	⠋	⠊
ア	イ	ウ	エ	オ
（１の点）	（1.2 の点）	（1.4 の点）	（1.2.4 の点）	（2.4 の点）

基本です。しっかり覚えましょう。

1．50音一覧を書いてみましょう

カ行	⠡ カ	キ	ク	ケ	コ	ア行に６の点です。
サ行	⠱ サ	シ	ス	セ	ソ	ア行に５・６の点です。
タ行	⠕ タ	チ	ツ	テ	ト	ア行に３・５の点です。
ナ行	⠅ ナ	ニ	ヌ	ネ	ノ	ア行に３の点です。
ハ行	⠥ ハ	ヒ	フ	ヘ	ホ	ア行に３・６の点です。
マ行	⠵ マ	ミ	ム	メ	モ	ア行に３・５・６の点です。
ヤ行	⠌ ヤ		ユ		ヨ	ア行下がりに４の点です。
ラ行	⠑ ラ	リ	ル	レ	ロ	ア行に５の点です。
ワ行	⠄ ワ				ヲ	ア行下がりです。

2．読んでみましょう

⠁⠡	⠃⠾	⠉⠿	⠋⠣	⠊⠇	⠃⠍
アカ	イモ	ウメ	エキ	オニ	イヌ
⠏⠪	⠃⠳	⠊⠾⠗	⠱⠡⠅	⠃⠄⠳	
ネコ	イシ	オモチ	サカナ	イワシ	

練習1（墨点字にしましょう）

アキ	ナツ	クスリ	ヤサイ	アメフレ
⠁⠣	⠀⠀	⠀⠀⠀	⠀⠀⠀	⠀⠀⠀⠀
サクラ	カメラ	レタス	ツクエ	スミレ
⠀⠀⠀	⠀⠀⠀	⠀⠀⠀	⠀⠀⠀	⠀⠀⠀

練習2（読んで墨字にしましょう）

⠁⠿	⠩⠵	⠮⠳	⠳⠡	⠝⠣	⠌⠵
⠡⠄	⠡⠿	⠞⠓	⠩⠗	⠩⠾	⠺⠑
⠥⠅	⠡⠱	⠁⠳	⠡⠷	⠩⠝	⠞⠑
⠬⠓	⠝⠙	⠕⠃			

練習3（読んで墨字にしましょう）

⠥⠱⠷	⠞⠫⠃	⠡⠡⠳	⠡⠑⠹	⠅⠃⠭
⠻⠡⠃	⠊⠭⠚	⠁⠕⠵	⠃⠙⠡	⠉⠗⠄
⠪⠫⠳	⠡⠣⠏	⠩⠾⠓	⠹⠃⠡	⠬⠡⠕

⠩⠑⠹　⠱⠃⠭　⠣⠾⠎　⠃⠕⠗　⠝⠅⠷

⠞⠓⠎　⠄⠡⠿　⠊⠞⠿　⠾⠅⠡　⠧⠞⠷

練習 4 （読んで墨字にしましょう）

⠹⠟⠛⠊　⠁⠿⠓⠡　⠣⠝⠝⠣　⠞⠅⠡⠃

⠃⠎⠳⠳　⠊⠣⠅⠄　⠡⠅⠓⠌　⠁⠊⠾⠓

⠱⠃⠕⠵　⠭⠩⠳⠵　⠵⠅⠃⠕　⠧⠵⠄⠓

⠡⠹⠟⠑　⠷⠎⠽⠳　⠡⠵⠣⠓　⠩⠝⠳⠕

⠌⠣⠇⠩　⠥⠩⠱⠃　⠕⠫⠎⠪　⠹⠕⠃⠙

練習 5 （読んで墨字にしましょう）

⠊⠷⠅⠋⠳　⠩⠚⠁⠗⠁　⠱⠝⠵⠃⠾　⠉⠝⠎⠷⠌

⠡⠕⠝⠽⠓　⠻⠞⠅⠃⠡⠃　⠬⠣⠎⠳⠕　⠡⠵⠃⠕⠗

⠣⠕⠣⠝⠏　⠡⠷⠣⠓⠽⠳　⠓⠱⠃⠕⠙　⠞⠵⠪⠵⠃

⠩⠛⠵⠗⠹　⠱⠱⠿⠬⠣　⠊⠷⠊⠝⠫　⠧⠅⠵⠝⠓

⠃⠹⠑⠋⠙　⠩⠓⠹⠵⠹　⠕⠡⠑⠾⠎　⠡⠃⠹⠃⠜⠩

読みの練習 2　撥音・促音・長音

撥　音	⠴	ン
促　音	⠂	ッ
長　音	⠒	ー

⠷⠡⠴　ミカン　　⠓⠴⠹　リンス

⠣⠂⠟　キッテ　　⠜⠂⠞　ヨット

⠹⠣⠒　スキー　　⠳⠒⠝　シーツ

練習 1（墨点字にしましょう）

マッチ	ノート	マント	サイン	ケーキ
⠵⠂⠗	⠀⠀⠀	⠀⠀⠀	⠀⠀⠀	⠀⠀⠀
ネット	カンコク	キッチン	カセット	
⠀⠀⠀	⠀⠀⠀⠀	⠀⠀⠀⠀	⠀⠀⠀⠀	
フートー	マラソン			
⠀⠀⠀⠀	⠀⠀⠀⠀			

練習 2（読んで墨字にしましょう）

⠣⠴⠪　⠌⠡⠴　⠵⠂⠞　⠷⠴⠞　⠡⠂⠞

⠿⠚⠴　⠮⠒⠙　⠇⠂⠞　⠓⠛⠒　⠿⠒⠙

⠚⠒⠵　⠺⠒⠹

練習 3（読んで墨字にしましょう）

⠥⠴⠡⠗　⠑⠫⠂⠞　⠪⠒⠧⠒　⠭⠑⠴⠹　⠱⠒⠡⠹

⠱⠂⠡⠒　⠻⠴⠻⠃　⠞⠑⠂⠩　⠡⠒⠟⠴　⠻⠒⠕⠒

練習４（読んで墨字にしましょう）

読みの練習３　濁音・半濁音

濁　音

濁音には５の点が付いています。

⠐⠡ ガ	⠐⠣ ギ	⠐⠩ グ	⠐⠫ ゲ	⠐⠪ ゴ
⠐⠱ ザ	⠐⠳ ジ	⠐⠹ ズ	⠐⠻ ゼ	⠐⠺ ゾ
⠐⠕ ダ	⠐⠗ ヂ	⠐⠝ ヅ	⠐⠟ デ	⠐⠞ ド
⠐⠥ バ	⠐⠧ ビ	⠐⠭ ブ	⠐⠯ ベ	⠐⠮ ボ

⠡⠣ カキ → ⠡⠐⠣ カギ

⠱⠙ サル → ⠐⠱⠙ ザル

⠵⠞ マト → ⠵⠐⠞ マド

⠥⠗ ハチ → ⠐⠥⠗ バチ

半濁音

半濁音には６の点が付いています。

⠠⠥ パ	⠠⠧ ピ	⠠⠭ プ	⠠⠯ ペ	⠠⠮ ポ

⠭⠚ フロ → ⠠⠭⠚ プロ

１．墨点字にしましょう

マド ⠵⠐⠞　カズ　バラ　トビ　ブリ　パン

ウサギ　クジラ　カガミ　コピー　ピザ

エンピツ　テーブル　ゴジラ　ポプラ

練習１（読んで墨字にしましょう）

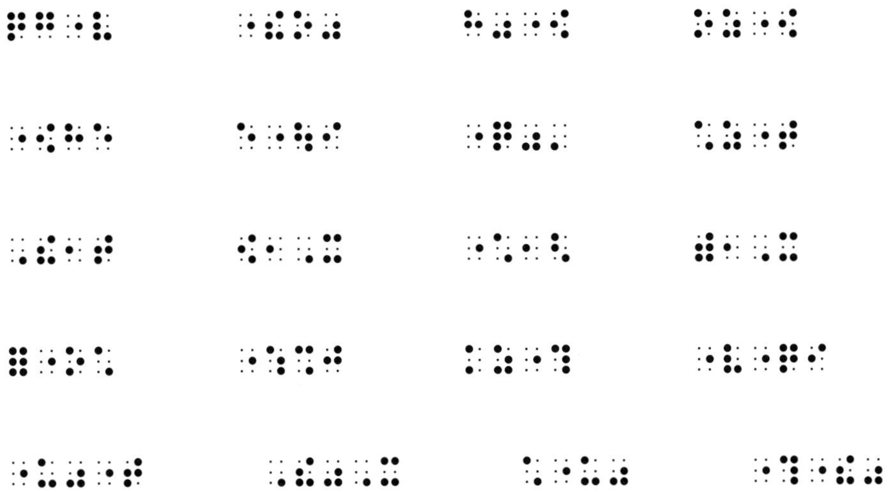

練習２（読んで墨字にしましょう）

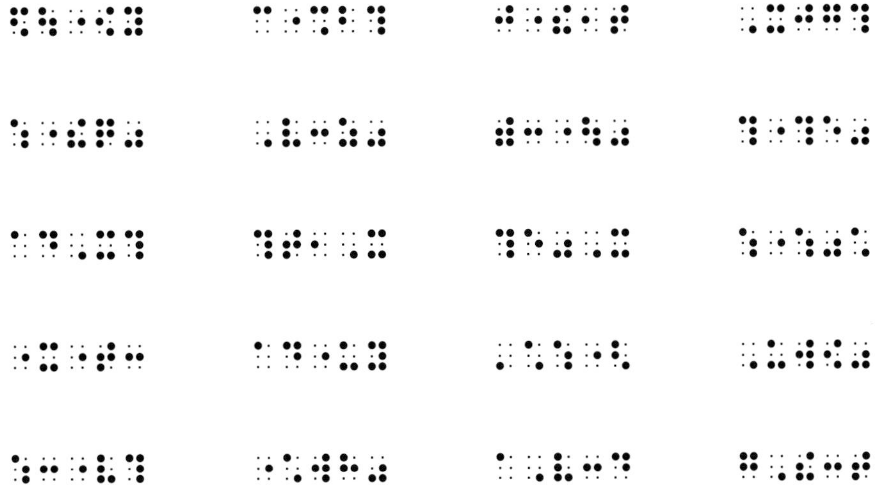

練習３（読んで墨字にしましょう）

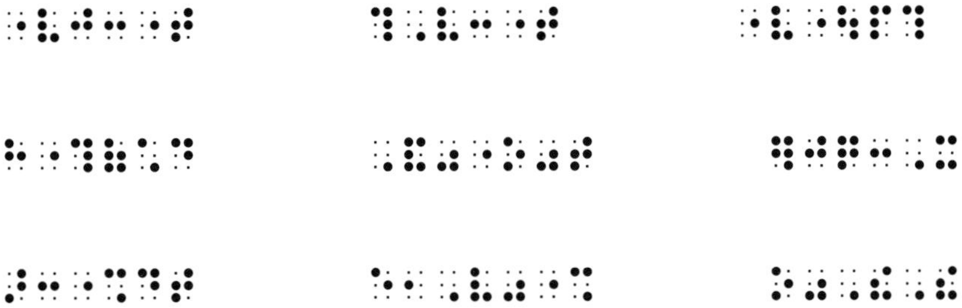

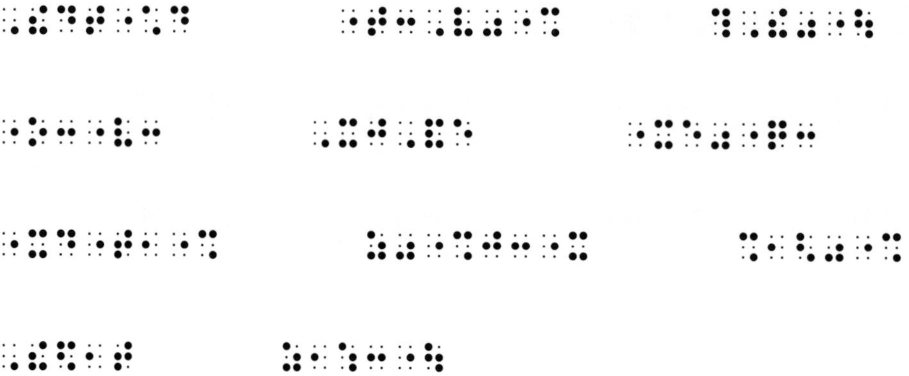

練習４（読んで墨字にしましょう）

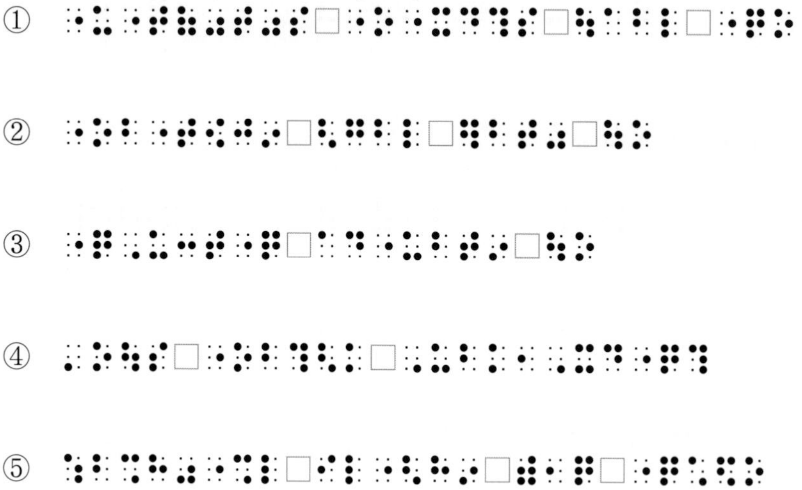

マスあけ（分かち書き、切れ続き）

点字はカナで書かれていますので、読みやすいよう文節の区切りや長い固有名詞等の間に空白（マス□）をあけて書かれています。この点字特有のマスあけには規則があります。書きの練習の時にマスあけの規則の勉強をしましょう。

読みの練習 4　拗音・拗濁音

拗　音

拗音には 4 の点が付いています。

⠈⠡ キャ	⠈⠩ キュ	⠈⠪ キョ	⠈⠡⠓⠁ キャリア
⠈⠱ シャ	⠈⠹ シュ	⠈⠺ ショ	⠈⠱⠪ シャコ
⠈⠕ チャ	⠈⠝ チュ	⠈⠞ チョ	⠈⠞⠪ チョコ
⠈⠅ ニャ	⠈⠍ ニュ	⠈⠎ ニョ	⠈⠍⠒⠹ ニュース
⠈⠥ ヒャ	⠈⠭ ヒュ	⠈⠮ ヒョ	⠈⠥⠩⠌⠩ ヒャクヤク
⠈⠵ ミャ	⠈⠽ ミュ	⠈⠾ ミョ	⠈⠾⠒⠐⠡ ミョーガ
⠈⠑ リャ	⠈⠙ リュ	⠈⠚ リョ	⠈⠚⠡⠴ リョカン

1．読んでみましょう

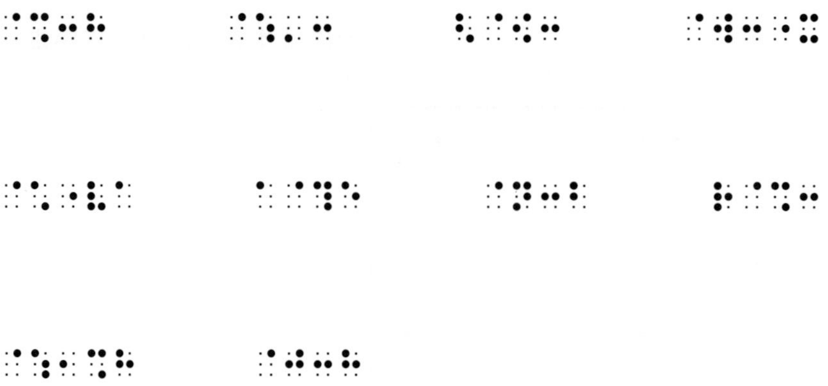

拗濁音

拗濁音には４、５の点が付いています。

⠘⠡ ギャ	⠘⠩ ギュ	⠘⠪ ギョ
⠘⠱ ジャ	⠘⠹ ジュ	⠘⠺ ジョ
⠘⠕ ヂャ	⠘⠝ ヂュ	⠘⠞ ヂョ
⠘⠥ ビャ	⠘⠭ ビュ	⠘⠮ ビョ

⠈⠡ キャ → ⠘⠡ ギャ

⠈⠱ シャ → ⠘⠱ ジャ

⠈⠕ チャ → ⠘⠕ ヂャ

⠈⠥ ヒャ → ⠘⠥ ビャ

拗半濁音

拗半濁音には４、６の点が付いています。

⠨⠥ ピャ	⠨⠭ ピュ	⠨⠮ ピョ

⠈⠥ ヒャ → ⠨⠥ ピャ

1．読んでみましょう

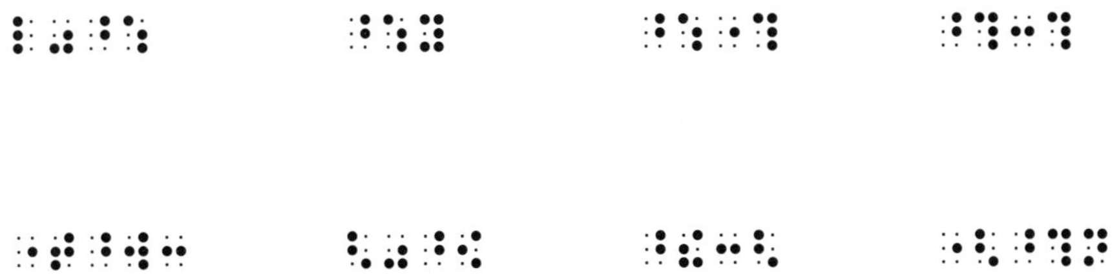

練習１（読んで墨字にしましょう）

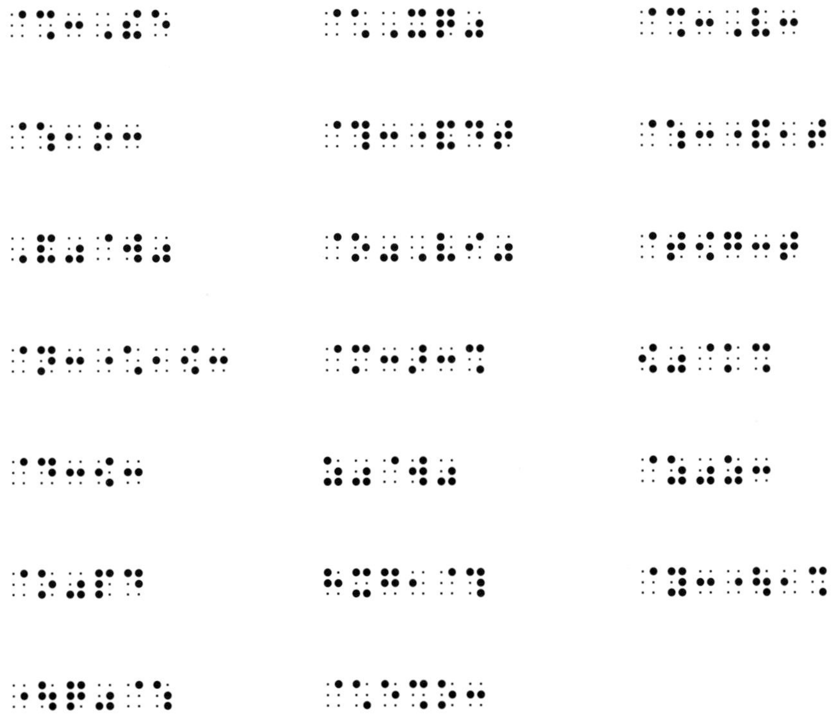

練習２（読んで墨字にしましょう）

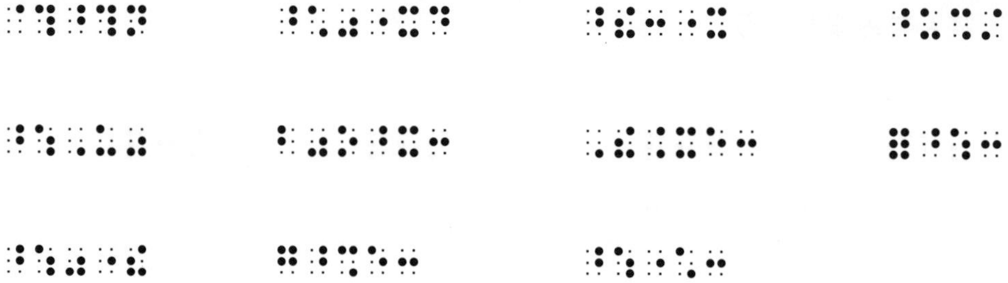

練習 3 （読んで墨字にしましょう）

① 

② 

③ 

④ 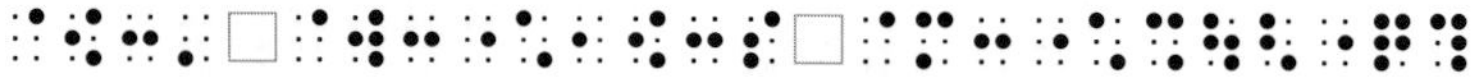

⑤ 

⑥ 

⑦ 

⑧ 

⑨ 

⑩ 

読みの練習５　特殊音

特殊音

⠈⠋ イェ			⠢⠃ ウィ	⠢⠋ ウェ	⠢⠊ ウォ	⠈⠳ スィ	⠘⠳ ズィ	
⠈⠫ キェ		⠢⠡ クァ	⠢⠣ クィ	⠢⠫ クェ	⠢⠪ クォ	⠈⠗ ティ	⠘⠗ ディ	
⠈⠻ シェ	⠘⠻ ジェ	⠲⠡ グァ	⠲⠣ グィ	⠲⠫ グェ	⠲⠪ グォ	⠢⠝ トゥ	⠲⠝ ドゥ	
⠈⠟ チェ		⠢⠕ ツァ	⠢⠗ ツィ	⠢⠟ ツェ	⠢⠞ ツォ	⠨⠝ テュ	⠸⠝ デュ	
⠈⠏ ニェ		⠢⠥ ファ	⠢⠧ フィ	⠢⠯ フェ	⠢⠮ フォ	⠨⠬ フュ	⠸⠬ ヴュ	
⠈⠯ ヒェ		⠲⠥ ヴァ	⠲⠧ ヴィ	⠲⠯ ヴェ	⠲⠮ ヴォ	⠨⠜ フョ	⠸⠜ ヴョ	⠐⠉ ヴ

1．読んでみましょう

⠢⠮⠒⠩　　⠢⠃⠒⠴　　⠢⠧⠙⠽　　⠿⠚⠘⠗⠒

⠎⠙⠢⠋⠒　　⠈⠕⠓⠈⠗⠒　　⠘⠗⠒⠑⠒

練習１（読んで墨字にしましょう）

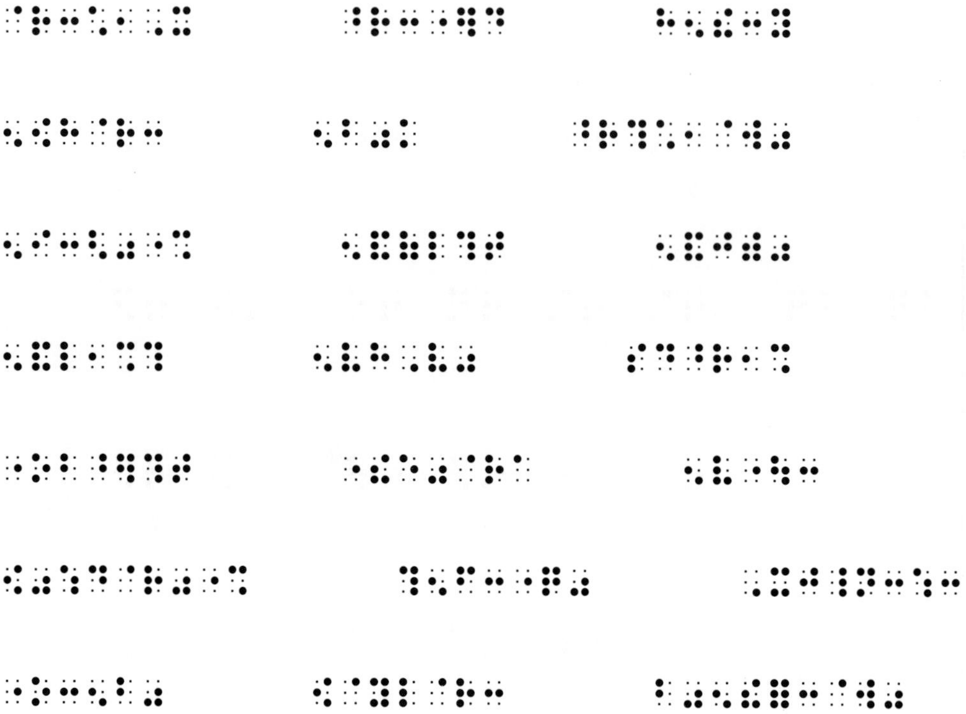

練習２（読んで墨字にしましょう）

① 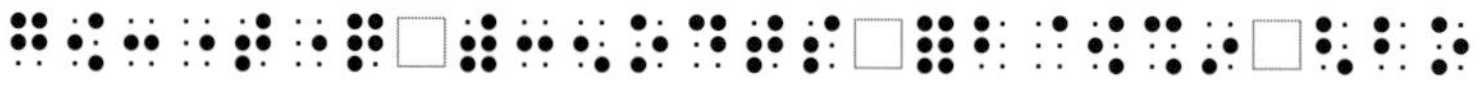

② 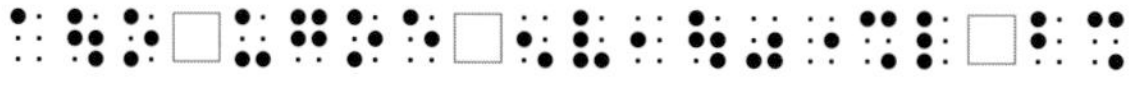

③ 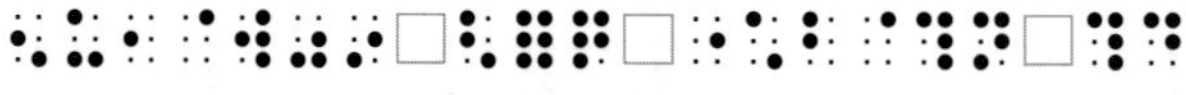

読みの練習6　数字

数　字

数字には ⠼ 数符が付いています。

1	2	3	4	5
（ア）	（イ）	（ウ）	（ル）	（ラ）
6	7	8	9	0
（エ）	（レ）	（リ）	（オ）	（ロ）

＊ア、イ、ウ、ル、ラ、エ、レ、リ、オ、ロと覚えても結構です。

1．読んで見ましょう

12　　89　　365　　407　　2006

35万4291　　354,291

＊ 5 桁以上の数は「万」「億」と位がカナで書かれているか、 3 桁ごとに「位取り点」 ⠄ が付いています。文章中の 6 桁以上の数字はカナで書かれています。

18年　　27円　　第 1 位

五郎　　四国　　3 丁目

＊数字の後にア行とラ行の文字が続くときは、「つなぎ符」⠤があります。「つなぎ符」がないと、数字に間違えられます。

⠄ 位取り点 3の点	⠂ 小数点 2の点	⠤ 第1つなぎ符 3、6の点

練習1（読んで墨字にしましょう）

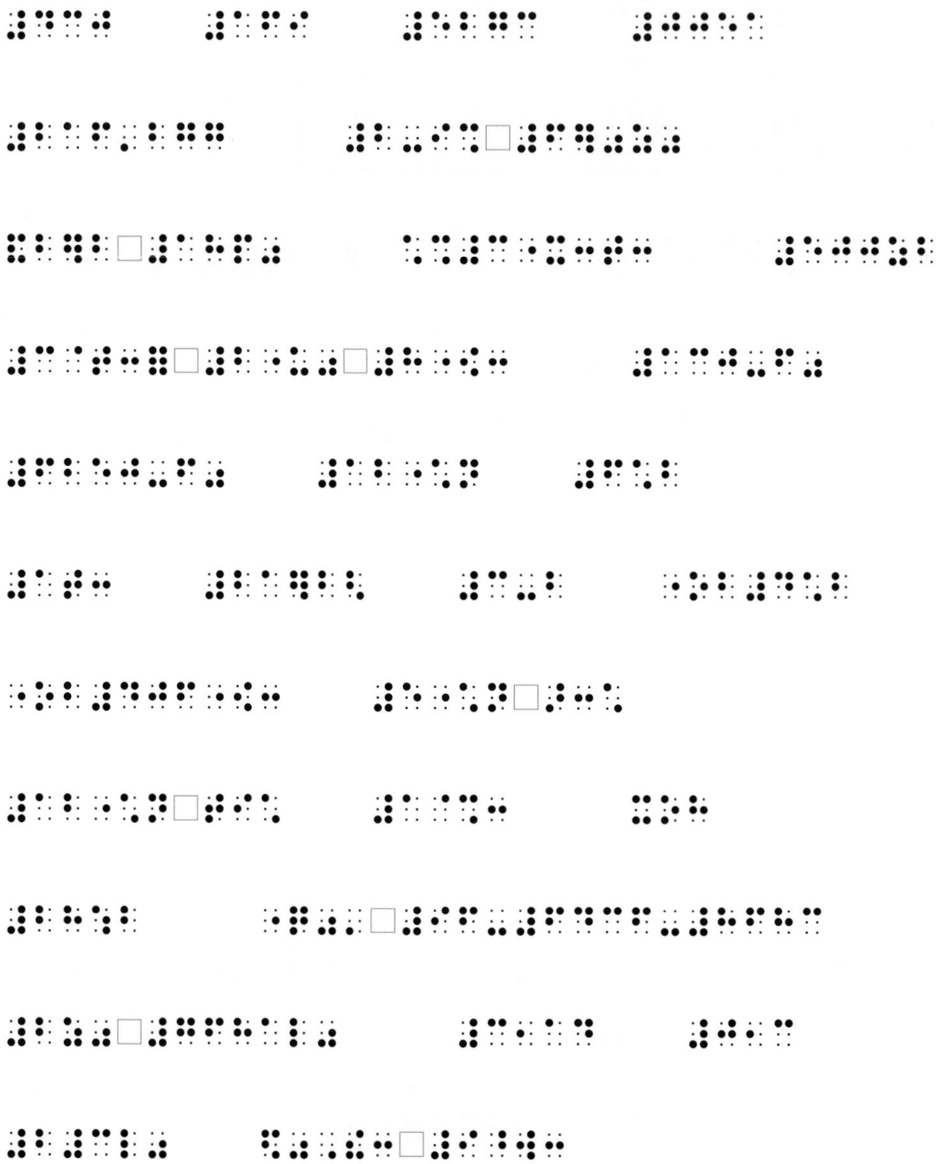

練習 2 （読んで墨字にしましょう）

読みの練習７　アルファベット

アルファベット

⠁	⠃	⠉	⠙	⠑	⠋	⠛	⠓	⠊	⠚
a	b	c	d	e	f	g	h	i	j
⠅	⠇	⠍	⠝	⠕	⠏	⠟	⠗	⠎	⠞
k	l	m	n	o	p	q	r	s	t
⠥	⠧	⠺	⠭	⠽	⠵				
u	v	w	x	y	z				

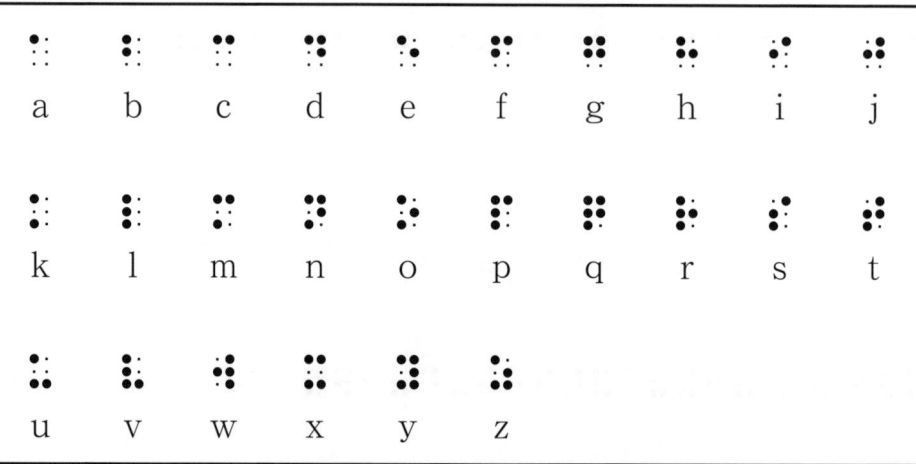

＊アルファベットの略語や記号等には、⠰外字符（５、６の点）が付いています。

＊最初の文字が大文字の時には、⠰外字符と⠠大文字符（６の点）が付いています。

＊全て大文字の時には、⠰外字符と⠠⠠二重大文字符が付いています。

⠰⠁⠃⠉	⠰⠠⠁⠃⠉	⠰⠠⠠⠁⠃⠉
a b c	A b c	A B C

＊アルファベットでの単語や文の場合は⠦～⠴外国語引用符で囲まれています。

⠦⠇⠕⠧⠑⠴	⠦⠠⠊□⠇⠕⠧⠑□⠽⠕⠥⠴
l o v e	I　l o v e　y o u

1．読んでみましょう

ａｍ　　ＦＡＸ　　ＭＶＰ　　ＢＳＥ

ＴＶ　　ＬＤ　　ＡＤＨＤ　　ＤＶＤ

ｓｐｏｒｔｓ　　Ｎｅｗｓ　　Ｇｕｉｄｅ

Ｎｕｍｂｅｒ　　Ｅメール　　Ｔシャツ

Ｗ杯サッカー　　ＥＴＣカード

100m競争　　２ＤＫ

練習１（読んで墨字にしましょう）

読みの練習 8　短文の読み（主な記号）

文章中に出てくる主な記号

⠲（。）句　点	⠰（、）読　点	⠢（?）疑問符
⠖（!）感嘆符	⠐（・）中　点	
⠤～⠤「　」第１カギ	⠰⠤～⠤⠆『　』ふたえカギ	
⠶～⠶（　）第１カッコ	⠰⠶～⠶⠆《　》二重カッコ	

練習 1（読んで墨字にしましょう）

□□⠼⠁⠲□⠼⠁⠃⠐⠡⠝□⠪⠪⠎⠡⠄□⠈⠺⠒⠐⠡⠃⠈⠱⠎□⠧⠐⠟⠹⠲

□□⠼⠃⠲□⠟⠴⠐⠳⠄□⠕⠟□⠼⠉⠰□⠜⠪□⠼⠃⠎□⠼⠋⠟⠴⠐⠟

⠐⠟⠣⠟□⠃⠵⠹⠲

□□⠼⠉⠲□⠼⠁⠁⠐⠡⠝□⠝⠃⠕⠗⠄□⠤⠇⠮⠴□⠟⠴⠐⠳□⠻⠃⠟⠃⠎

⠧⠤⠐⠟⠹⠲

□□⠼⠙⠲□⠼⠁⠓⠃⠑⠏⠴□⠭⠑⠴⠹⠎□⠙⠃□⠐⠭⠑⠃⠬⠐⠡

⠻⠡⠃⠐⠟□⠥⠐⠳⠿⠟□⠼⠋⠟⠴⠳⠣⠎□⠟⠴⠐⠳⠔□⠪⠒⠁⠴

⠳⠵⠳⠕⠲

□□⠼⠑⠲□⠼⠁⠊⠃⠋⠏⠴⠶⠕⠃⠈⠺⠒□⠼⠁⠑⠏⠴⠶⠇

⠈⠹⠒⠐⠣⠃⠴□⠻⠴⠈⠪⠎□⠟⠴⠐⠳□⠞⠒⠈⠮⠒⠐⠡

⠷⠞⠿⠑⠛⠵⠳⠕⠲

□□⠼⠋⠲□⠼⠁⠓⠊⠚⠏⠴□⠇⠮⠴⠐⠟⠄□⠞⠒⠈⠪⠒

⠾⠒⠁□⠐⠡⠂⠪⠒⠶⠐⠫⠴□⠝⠩⠐⠥□⠐⠕⠃⠐⠡⠩□⠭⠐⠺⠩

⠾⠒⠐⠡⠂⠪⠒⠶⠎□⠈⠪⠒⠳□⠃⠳⠡⠄□⠩⠑⠐⠳⠐⠡□⠇⠮⠴⠐⠪⠎

⠟⠴⠐⠳⠔□⠪⠒⠁⠴□⠳⠵⠳⠕⠲

□□⠼⠛⠲□⠳⠡⠩□⠈⠺⠒⠐⠡⠃⠈⠱⠐⠡□⠬⠐⠧⠐⠟□⠜⠽□⠾⠐⠳⠔

⠟⠴⠐⠳⠰□⠃⠂⠠⠥⠴⠇□⠳⠜⠒□⠱⠛⠟□⠃⠙□⠾⠐⠳⠔□⠹⠷⠐⠳⠞

⠃⠂⠟□⠃⠵⠹⠲

□□⠼⠓⠲□⠻⠴⠐⠳⠄□⠡⠅⠾⠐⠳□⠕⠃⠫⠃⠐⠟□⠁⠙⠐⠡⠰

⠡⠴⠐⠳⠔□⠁⠑⠄⠹□⠟⠴⠐⠳⠇□⠡⠴⠟⠴⠐⠳⠞□⠼⠋⠟⠴

⠡⠴⠐⠳⠐⠡□⠁⠓⠵⠹⠲

□□⠼⠊⠲□⠟⠴⠐⠳⠔□⠡⠩□⠐⠞⠒⠐⠩⠇□⠟⠴⠐⠳⠣⠐⠡

⠁⠓⠵⠹⠲⠶⠟⠴⠐⠳⠐⠥⠴⠐□⠫⠃⠕⠃⠜⠒□⠟⠴⠐⠳⠣⠐

⠟⠴⠐⠳□⠕⠃⠠⠭□⠑⠃⠕⠒□⠞⠒⠶□□⠣⠴⠏⠴⠄

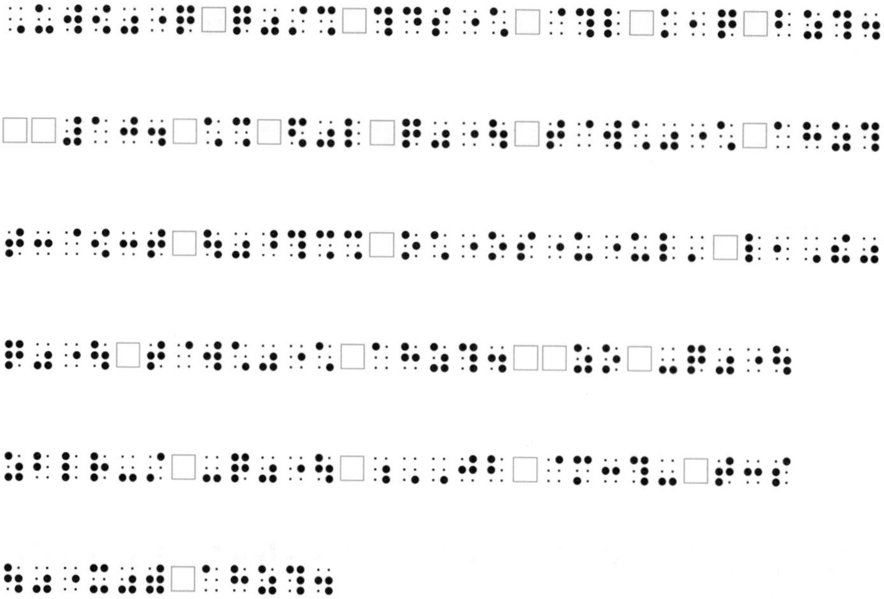

墨訳（スミヤク）

今まで「読んでみましょう」「読んで墨字にしましょう」と、点字の読みを練習してきました。墨字はひら仮名で書いたり、カタカナのみで書いたりしていたと思います。今度は、点字を読んで、漢字仮名交じり文に書き表してみましょう。これを墨訳といいます。

墨訳の要点

① 現代仮名遣いで書きます。
　ただ点字特有の書き方に注意して書き直してください。
　ボクワ　→　ぼくは
　イエエ　→　家へ
　キューリ　→　きゅうり

② 点字はマスあけをして書かれていますが普通の文にしてください。
　ワタシワ□イエエ□カエル。□□シカシ　→　私は家へ帰る。しかし

③ 漢字、仮名、カタカナを使い分け、読みやすい文にしてください。

④ 正しく読めても漢字の書き間違いが多いです。曖昧な文字は辞典で確かめて正確に書いてください。固有名詞は確認をしてください。

読みの練習９　短文の読み

練習１　下記の点字を読んで墨訳・漢字かな交じり文にしましょう。

⠪⠪⠚⠎ ⠿⠐⠟ ⠷⠙ ⠧⠞

⠁⠙ ⠡⠏⠾⠗⠎ ⠃⠋⠇ ⠵⠏⠡⠛⠟ ⠃⠂⠕ ⠞⠣⠎
⠪⠞⠐⠟⠹⠲ ⠯⠌⠐⠟ ⠹⠄⠂⠟ ⠃⠙⠞⠰ ⠿⠎ ⠵⠋⠎
⠚⠒⠡⠔ ⠐⠕⠛⠡⠐⠡ ⠞⠊⠓⠹⠐⠣⠵⠳⠕⠲ ⠮⠣⠃⠗⠄⠰
⠥⠃⠂⠟ ⠣⠕ ⠈⠹⠐⠳⠴⠇ ⠕⠐⠹⠏⠵⠳⠕⠲

⠤⠃⠵⠰ ⠪⠎ ⠵⠋⠔ ⠞⠊⠂⠕ ⠧⠞⠄⠰ ⠁⠳⠐⠡
⠄⠙⠃⠜⠒⠐⠟⠹⠏⠤

⠈⠹⠐⠳⠴⠄ ⠪⠕⠋⠟⠰

⠤⠃⠃⠋⠰ ⠁⠎ ⠾⠎⠄ ⠅⠐⠡⠃ ⠁⠃⠐⠕ ⠉⠗⠐⠟
⠥⠕⠑⠃⠟ ⠾⠑⠂⠟ ⠃⠙ ⠳⠜⠒⠇⠴⠐⠟⠹⠐⠡⠰ ⠡⠑⠐⠕⠎
⠐⠞⠪⠇⠾ ⠄⠙⠃ ⠞⠪⠚⠄ ⠅⠃⠞ ⠊⠾⠃⠵⠹⠜⠤

⠳⠡⠳⠰ ⠮⠣⠃⠗⠄ ⠺⠎ ⠪⠞⠐⠥⠇ ⠅⠂⠞⠩
⠳⠵⠻⠴⠐⠟⠳⠕⠲ ⠕⠞⠋ ⠁⠳⠐⠡ ⠄⠙⠩ ⠅⠩⠞⠾ ⠅⠇⠡

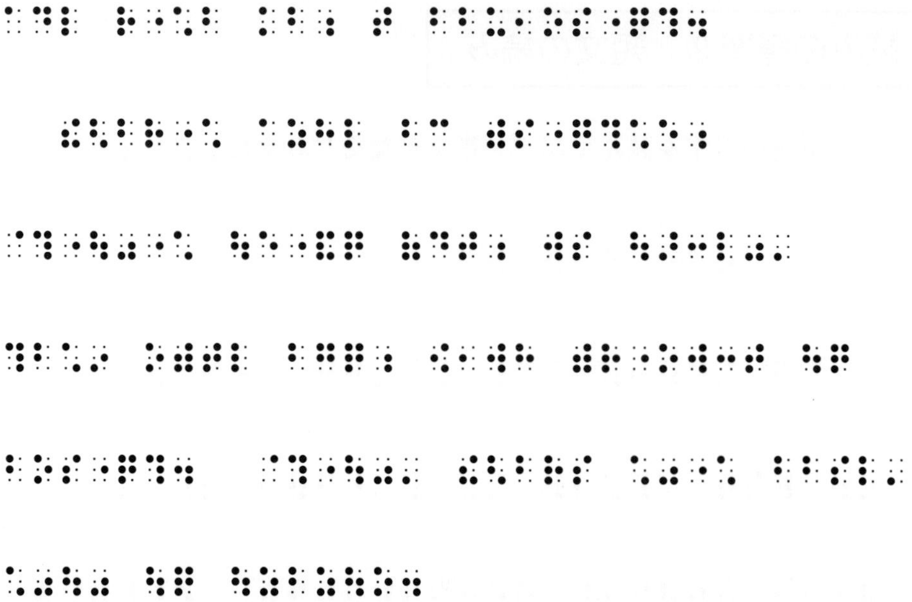

（はる書房「塙保己一とともに」堺　正一著）

練習２　下記の暗号を解読してください。

阿　南阿陀　南無陀仏　無阿弥　南無阿弥陀　阿

南阿弥仏　南阿弥陀　南弥　無阿弥　南無阿仏　無阿弥陀　無阿弥

南無阿陀仏　南無阿陀仏　無阿弥陀　南無阿弥陀仏　阿陀

南　阿　南無弥陀仏　南阿陀　無阿弥陀仏　無阿弥　無阿弥陀

無弥　南阿　陀 南無陀仏　陀 南無阿弥陀　南弥陀仏　無陀仏

南無阿弥仏　南無弥陀　阿陀仏

江戸川乱歩著「二銭銅貨」を参照

読みの練習10　文章の読み

練習１　下記の点字を読んで墨訳・漢字かな交じり文にしましょう。

①

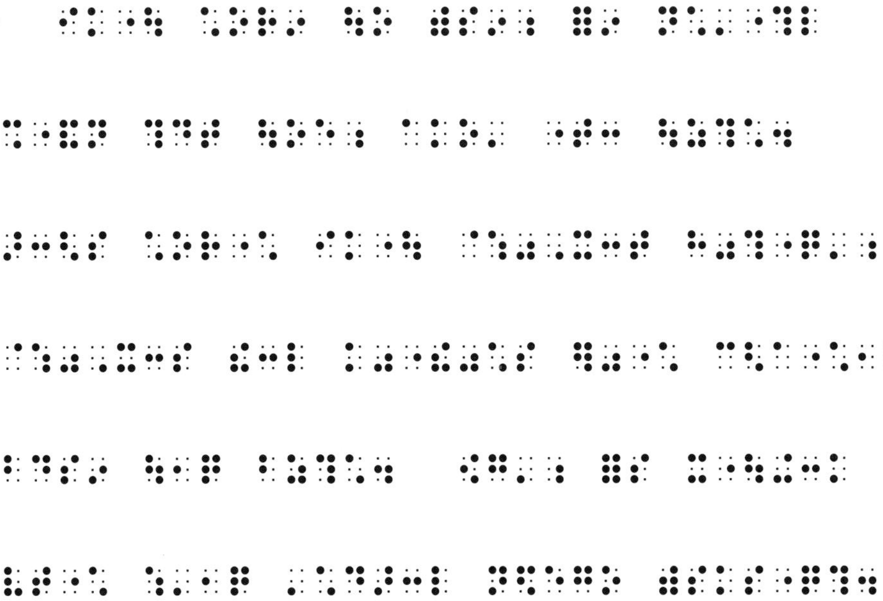

② ⠟⠛⠢⠮⠴ ⠡⠒⠐⠞⠎ ⠵⠙⠃ ⠣⠓⠪⠷⠿⠰ ⠱⠄⠂⠟

⠄⠡⠙⠜⠒⠇ ⠹⠙ ⠕⠿⠎ ⠩⠭⠒⠐⠟⠹⠲ ⠐⠞⠎

⠡⠒⠐⠞⠇⠾⠰ ⠧⠐⠕⠓ ⠟⠵⠋⠇ ⠣⠓⠪⠷⠐⠡ ⠝⠫⠑⠛⠟

⠃⠙⠎⠐⠟⠰ ⠡⠒⠐⠞⠎ ⠉⠑⠊⠾⠟⠜ ⠃⠛⠙ ⠽⠣⠐⠡

⠄⠡⠓⠵⠹⠲ ⠱⠑⠇⠰ ⠵⠙⠃ ⠣⠓⠪⠷⠄ ⠟⠛⠢⠮⠴

⠡⠒⠐⠞⠰ ⠼⠉⠡⠩⠄ ⠐⠟⠴⠈⠱⠌ ⠐⠥⠹⠇⠐⠞⠎ ⠎⠓⠾⠎⠰

⠼⠙⠡⠩⠄ ⠡⠃⠾⠎⠎ ⠡⠒⠐⠞⠞⠰ ⠣⠓⠪⠷⠎ ⠡⠕⠗⠇

⠜⠂⠟ ⠈⠹⠙⠃⠐⠡ ⠩⠐⠧⠝ ⠐⠟⠣⠙⠜⠒⠇ ⠅⠂⠟ ⠃⠵⠹⠲

③

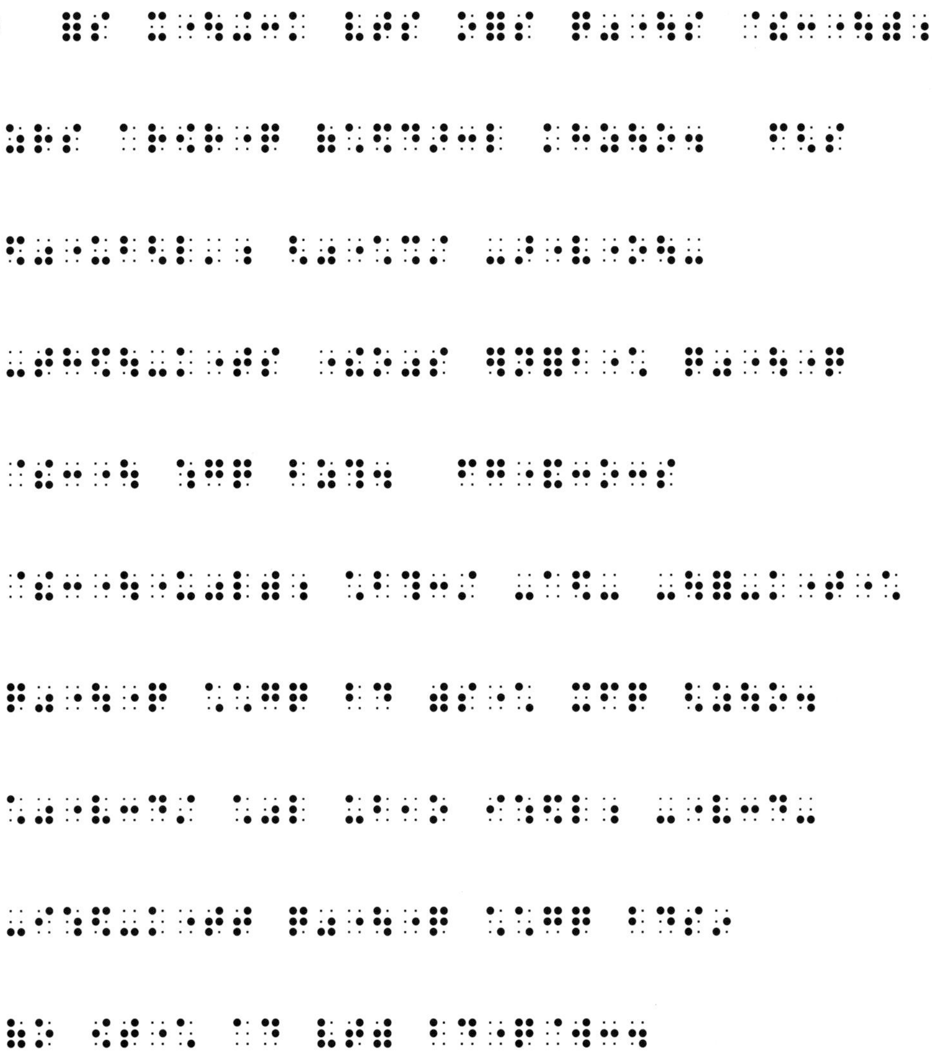

（学校図書　小学校国語　４年下　黒﨑恵津子「点字を通して考える」より）

読みの練習11　文章の読み

練習１　下記の点字を墨訳・漢字かな交じり文にしましょう。

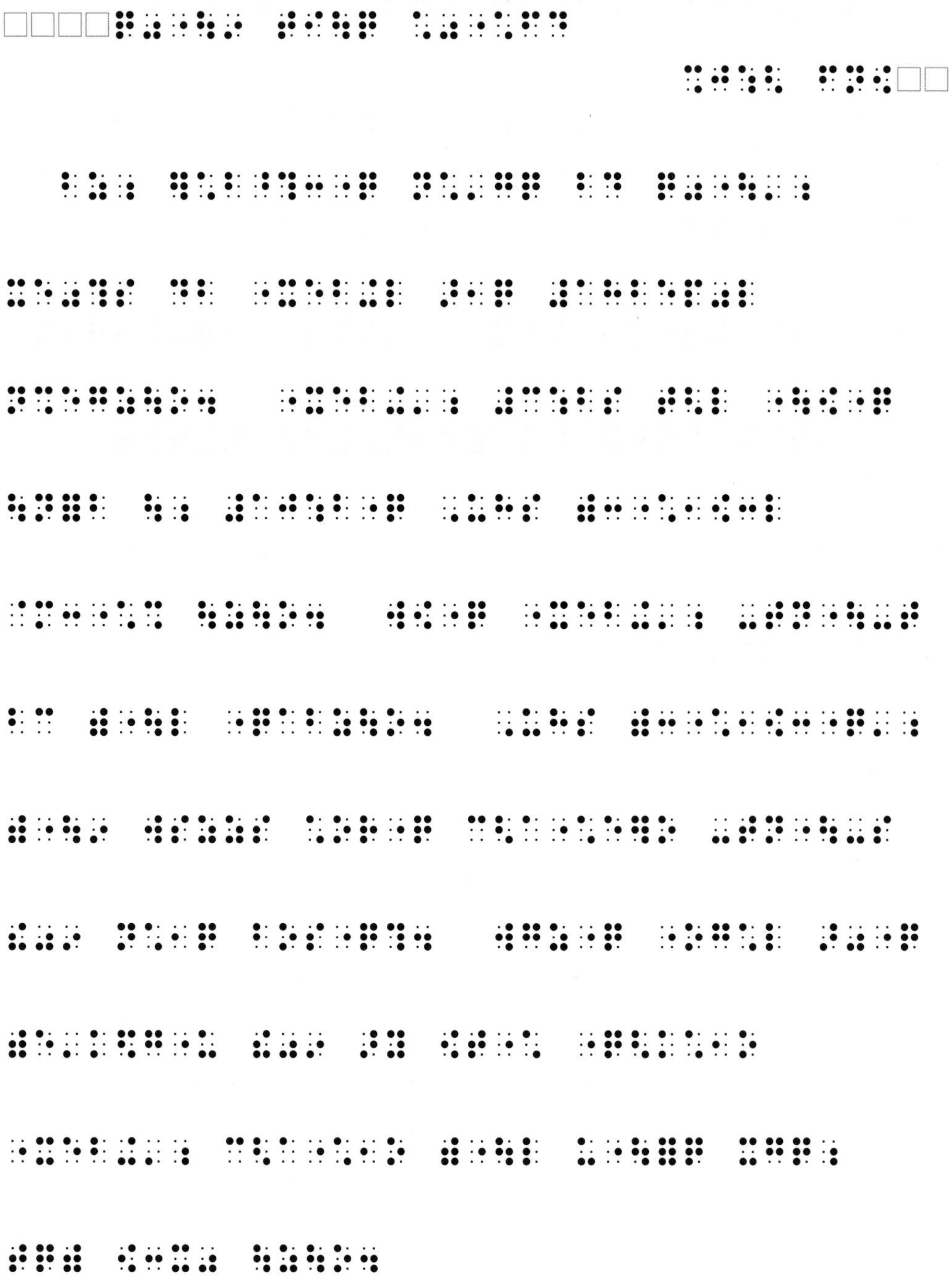

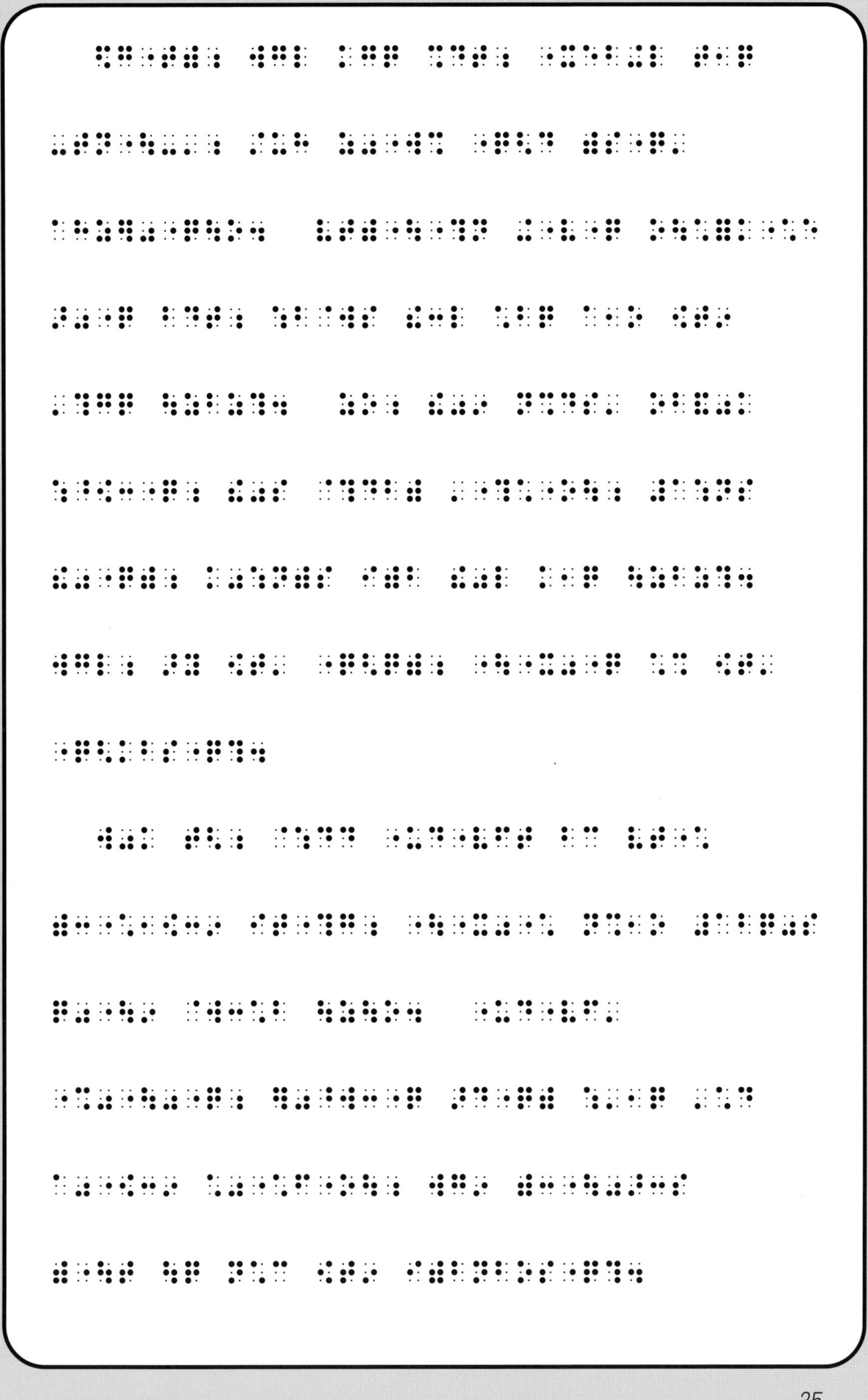

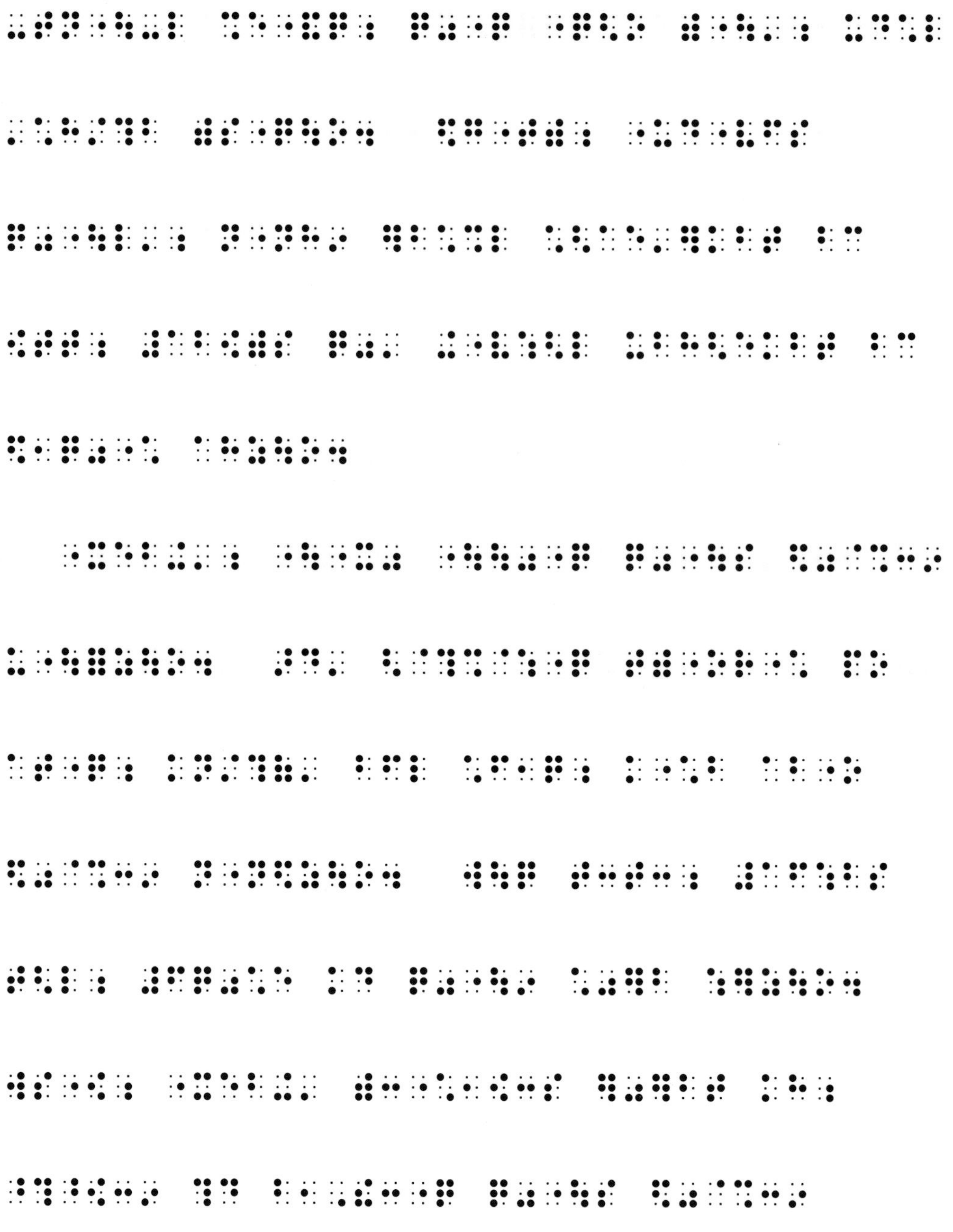

（学校図書　小学校国語　4年下「点字を通して考える」より）

読みの練習12　文章の読み

下記の点字を墨訳・漢字かな交じり文にしましょう。

点字の歩み

点・字・に・つ・い・て・2

視覚障害者の文字、点字を最初に考案したのは、1825年フランスのルイ・ブライユです。当時16歳の青年で、本人も視覚障害者でした。それまでは凸文字等が使用されていましたが、ルイ・ブライユは同国の砲兵士官シャルル・バルビエの12点点字を改良し、現在の６点点字を創り出しました。

1854年フランスで正式に採用され、その後各国に普及し、視覚障害者の文字として教育に情報伝達にと、大きな貢献をしました。

日本では、現筑波大学附属盲学校の前身である東京盲唖学校の小西信八がブライユの点字をローマ字綴りにして生徒に教えました。その成果を踏まえ、東京盲唖学校の教職員と生徒も参加して日本語点字を作る研究と作業に取り掛かりました。

結果、1890年（明治23年）石川倉次の案が、東京盲唖学校の点字撰定会で採用されることに決まりました。それが現在の日本語点字です。その後拗音点字をまとめ、1901年（明治34年）官報に掲載されました。

点字は盲学校教育にすぐに取り入れられ、飛躍的な学習効果を生んでいきました。さらに視覚障害者の権利として社会に認知を求める要望・運動が起き、一つ一つ認知されていきました。1926年（大正15年）には点字投票が衆議院員選挙法施行令の公布で認められました。実際の点字投票は昭和３年の衆議院選挙です。1949年（昭和24年）同志社大学で点字受験が認められ、初めて大学の点字受験が実現できました。その後、点字の署名の認知や、1973年（昭和48年）司法試験の点字受験が可能になる等、資格試験や採用試験にも点字受験での門戸開放がなされ、様々な分野で一歩一歩認められていきました。

ちなみに1890年11月１日に石川倉次の点字の案が採用されので、11月１日を「日本点字制定の日」としています。そしてルイ・ブライユの誕生日１月４日をＷＢＵ（世界盲人連合）が世界点字デーと定めました。

点字について 3

点字を書く道具を点字器といいます。

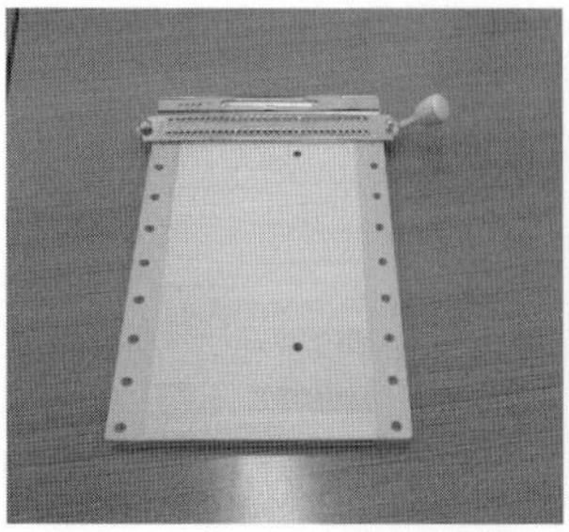

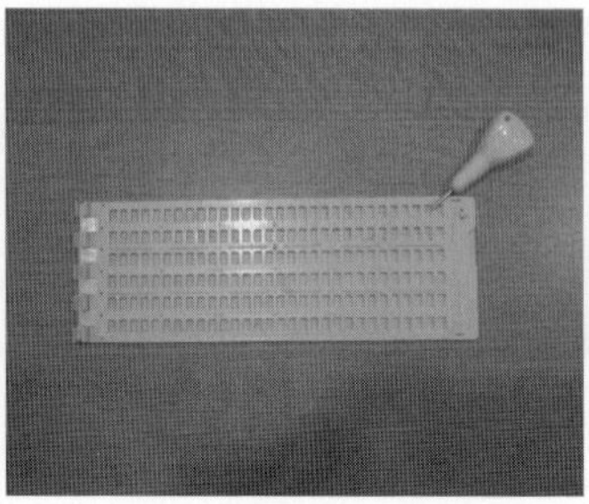

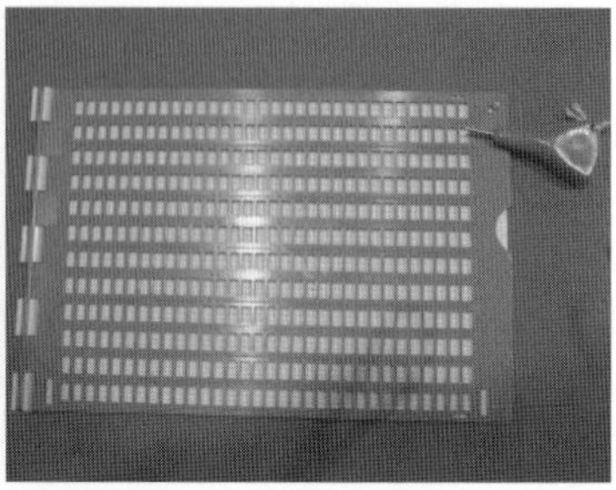

⑴　点字盤　　　　⑵　携帯用点字器

⑴　一般に点字盤といわれ昔から使用されています。点字紙１枚をそのまま書くことができます。（点字紙表と裏両方に書くことができます。）

⑵　携帯用点字器、その名の通りカバン・バック等に収められ、持ち歩きに便利です。６行書き、12行書き等の種類があります。

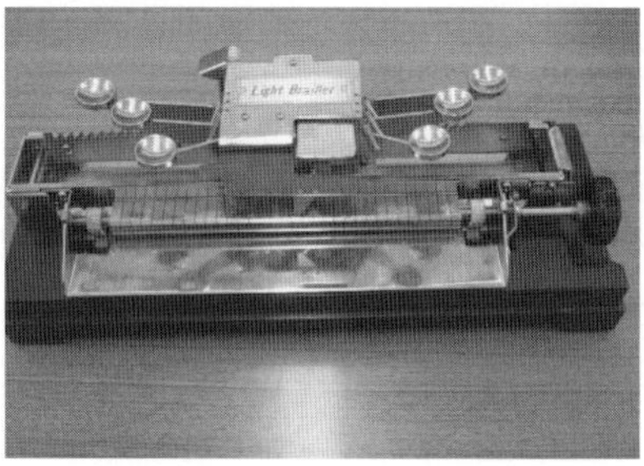

⑶　ライトブレーラー

⑷　パーキンスブレーラー

⑶⑷　６点キーで簡便に迅速に書くことができます。点字紙の表に点が出るもの、裏面に出るものなどの種類があります。

今点訳はパソコンでの打ち込みが主流になっています。文の修正や保存等便利で、点字プリンターにつなぎ、大量の打ち出しができる利点もあります。

時代と共に、点字器も変化し便利になってきました。コンピューター・情報化の時代、視覚障害者・健常者とのコミニケーションがさらに便利に進化していくことが望まれます。

書きの練習1　清音（50音）

清　音（書き　凹面）

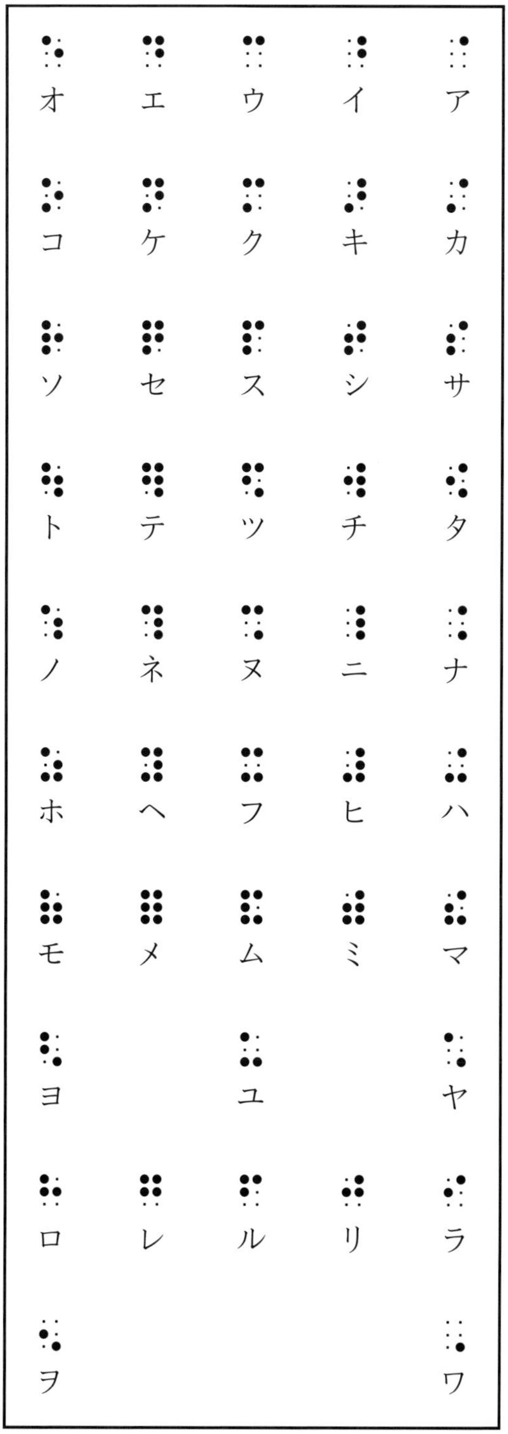

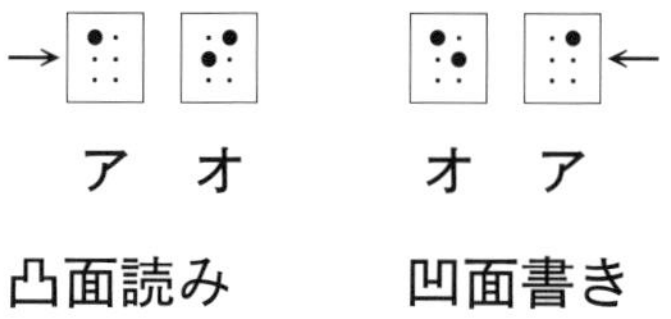

＊書きの点字は読む点字と左右対称になります。

＊点字器で書く点字は右から左に書きます。

＊点字は1点間違うと全く違う文字になります。正確に書きましょう。

＊50音は基本です。確実に覚えてください。

練習 1

メの字を連続して書いてみましょう。　←　⠿　⠿　⠿　⠿

メ　メ　メ　メ

アメフレと連続して書いてみましょう。　←　⠛　⠭　⠿　⠈

レ　フ　メ　ア

練習 2

50音（墨点字で書いてから点字で書きましょう。）

ソ	セ	ス	シ	サ	コ	ケ	ク	キ	カ	オ	エ	ウ	イ	ア
													←	←
ホ	ヘ	フ	ヒ	ハ	ノ	ネ	ヌ	ニ	ナ	ト	テ	ツ	チ	タ
ロ	レ	ル	リ	ラ	ヨ		ユ		ヤ	モ	メ	ム	ミ	マ
										ヲ				ワ
													←	←

＊50音を連続して書いてください。

＊コツコツ又はポツポツと､規則正しく､良い音が出るように書いてください。

＊書いたものを確認してください。正しく書けていますか。穴があいていませんか。繰り返し練習して一覧表を見ないでも書けるようにしましょう。

書きの練習 2　清音（単語）

1．書いてみましょう

アカ　イモ　ウメ　エキ　オニ　イヌ

ネコ　イシ　オモチ　サカナ　イワシ

←

ヌイ　ニオ　キエ　メウ　モイ　カア

←

シワイ　ナカサ　チモオ　シイ　コネ

練習 1（墨点字で書いてから点字で書きましょう）

ア キ　ナツ　クスリ　ヤサイ　アメフレ

←

スミレ　サクラ　カメラ　レタス　ツクエ

←

練習 2（書いてみましょう）

アメ　クマ　ホシ　シカ　ツキ　ヤマ　カワ

カメ　トリ　クチ　クモ　ソラ　ハナ　カサ

アシ　カミ　クツ　トラ　ユリ　ツル　タイ

練習 3 （書いてみましょう）

ハサミ	トケイ	カカシ	カラス	ナイフ
セカイ	オフロ	アタマ	イルカ	ウチワ
コケシ	カキネ	クモリ	スイカ	ユカタ
クラス	サイフ	キモノ	イタチ	ツナミ
トリノ	ワカメ	オトメ	モナカ	ヒトミ

練習 4 （書いてみましょう）

ステレオ	アメリカ	キツツキ	トナカイ
イノシシ	オキナワ	カナリヤ	アオモリ
サイタマ	フクシマ	マナイタ	ヒマワリ
カステラ	ミノムシ	カマキリ	クツシタ
ヤキニク	ハクサイ	タケノコ	スタイル

練習 5 （書いてみましょう）

オミナエシ	クロアチア	サツマイモ	ウツノミヤ
カタツムリ	セトナイカイ	ユキノシタ	カマイタチ
キタキツネ	カミキリムシ	リサイタル	トマコマイ
クレマチス	ササメユキ	オミオツケ	ヒナマツリ
イスラエル	クリスマス	タカラモノ	カイスイヨク

書きの練習3　撥音・促音・長音

撥　音	⠦	ン
促　音	⠐	ッ
長　音	⠒	ー

ミカン　⠦⠌⠾　リンス　⠏⠦⠚　←
　　　　ンカミ　　　　　スンリ

キッテ　⠻⠐⠜　ヨット　⠳⠐⠣　←
　　　　テッキ　　　　　トッヨ

スキー　⠒⠜⠏　シーツ　⠫⠒⠞　←
　　　　ーキス　　　　　ツーシ

1．書いてみましょう

マッチ　　ノート　　マント　　サイン　　ケーキ
ネット　　カンコク　　キッチン　　カセット　　フートー
マラソン

⠜⠒⠝　　⠦⠘⠎　　⠳⠦⠮　　⠳⠒⠱　　⠺⠐⠮　←
キーケ　　ンイサ　　トンマ　　トーノ　　チッマ

⠒⠳⠒⠭　　⠳⠐⠟⠌　　⠦⠺⠐⠜　　⠍⠕⠦⠌　　⠳⠐⠹　←
ートーフ　　トッセカ　　ンチッキ　　クコンカ　　トッネ

⠦⠗⠊⠮　←
ンソラマ

練習1（書いてみましょう）

キンコ　　ヤカン　　マット　　ミント

カット	メロン	ホール	ニット
リレー	メール	ローマ	ソース

練習 2（書いてみましょう）

ハンカチ	ラケット	コーヒー	フランス
サーカス	サッカー	センセイ	トラック
カーテン	セーター	カンテン	ユーモア
タクシー	スッキリ	スイレン	チーター
リモコン	スクール	レッスン	モーター
ナイロン	ソーメン	フレーム	フラワー
レンコン	スケート	ホッケー	ライオン
トースト	コーラス		

練習 3（書いてみましょう）

スリランカ	ホッチキス	コンサート	ハーモニー
ホーレンソー	ウルトラマン	オーストラリア	キンセンカ
ワシントン	インテリア	ルーレット	サンフランシスコ
インスタント	リラックス	コンクリート	ストレート
ライラック	マーケット	シクラメン	ストレッチ
クロッカス	リンカーン	クラシック	カルテット
スクリーン	ルネサンス		

書きの練習４　濁音・半濁音

濁　音（書き　凹面）

濁音には５の点を付けます。

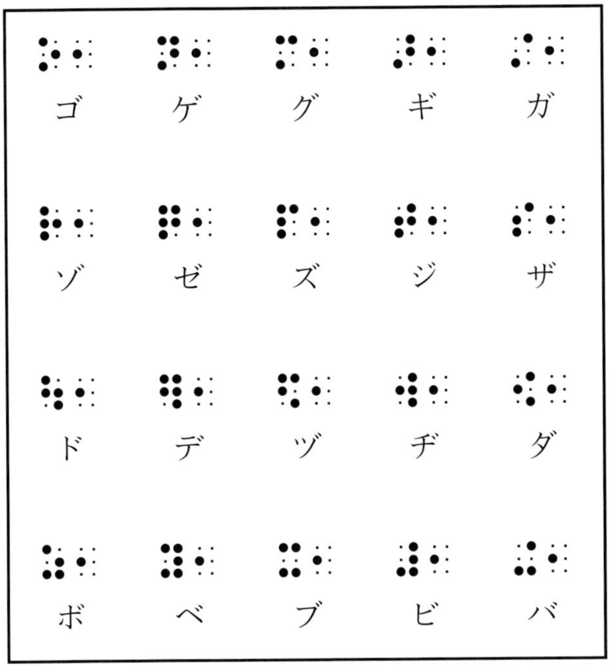

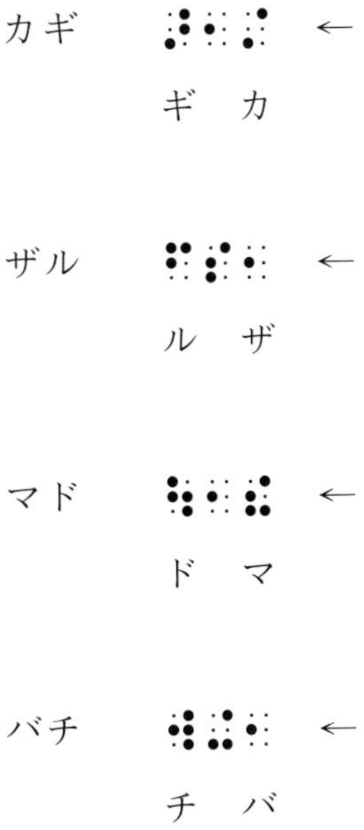

半濁音（書き　凹面）

半濁音には６の点を付けます。

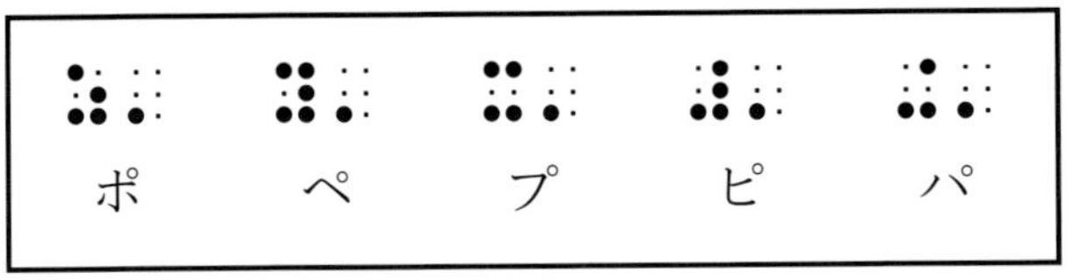

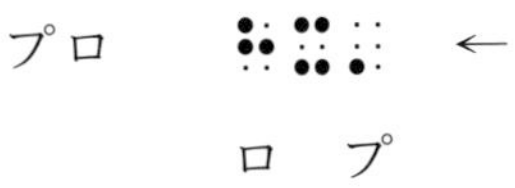

１．書いてみましょう

マド	カズ	バラ	トビ	ブリ
パン	ウサギ	クジラ	カガミ	コピー
ピザ	エンピツ	テーブル	ゴジラ	ポプラ

ビ　ト　　ラ　バ　　ズ　カ　　ド　マ　←

ラジク　　ギサウ　　ン　パ　　リ　ブ　←

ツピンエ　　ザ　ピ　　ーピコ　　ミガカ　←

ラプポ　　ラジゴ　　ルブーテ　←

練習 1 （書いてみましょう）

テレビ	ボタン	リンゴ	タマゴ
ゴリラ	ラジオ	デンワ	カマド
ポット	コップ	ガッキ	モップ
メダカ	ザクロ	ナマズ	ビデオ
バンド	ポンプ	カバン	ズボン

練習 2 （書いてみましょう）

ケシゴム	ウグイス	ロボット	プロレス
サボテン	ピーマン	モージン	スズラン

アルプス　ストップ　スランプ　サザンカ

ブドー　アルバム　ワカサギ　パソコン

サービス　ガソリン　アピール　レポート

練習 3（書いてみましょう）

ビロード　スピード　ビジネス　リズミカル

ペンダント　セロテープ　ヨーグルト　ラッピング

タンポポ　ポルトガル　ドーピング　スポンジ

ダービー　プロペラ　ブランデー　ブルドッグ

マングローブ　クッキング　ポケット　マッサージ

練習 4（書いてみましょう）

＊点字で　短い　文を　書く

⠍⠌□⠢⠦⠭⠂□⠘⠌⠞⠂⠾□⠻⠂⠞⠂⠦⠻□□　←

クカ　ヨンブ　イカジミ　デジンテ

- □□バドミントンの□ダブルスの□試合に□でた
- □□台所を□きれいに□整頓□した
- □□デパートで□アルバイトを□した
- □□私の□大好きな□パイナップルです
- □□サイクリングに□おにぎりを□持って□出かけた

書きの練習 5　拗音・拗濁音

拗　音（書き　凹面）

拗音には 4 の点を付けます。

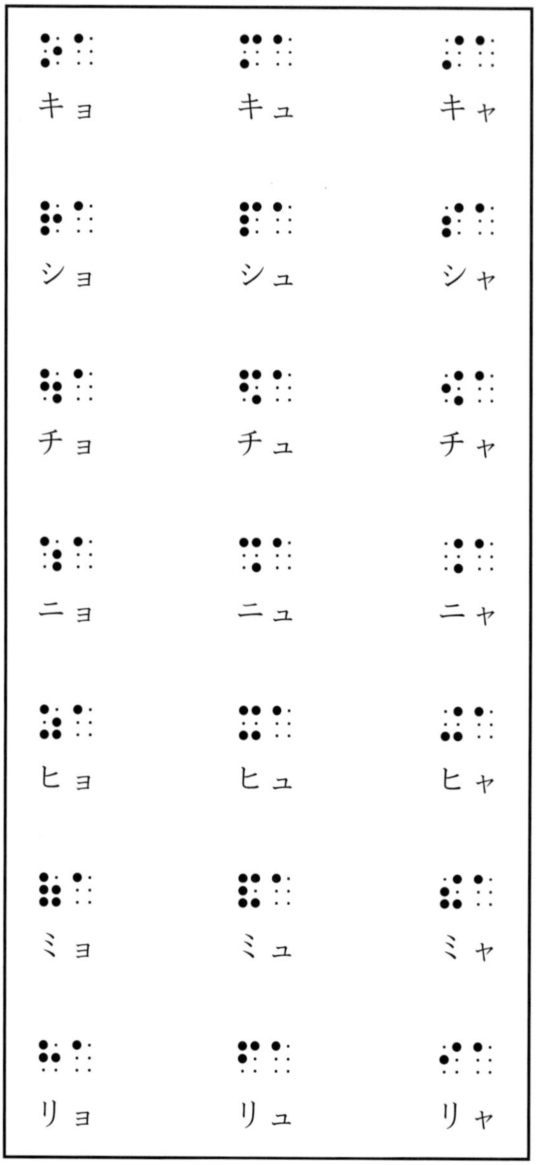

キャリア	アリャキ	←
車庫	コャシ	←
チョコ	コョチ	←
ニュース	スーュニ	←
百薬	クヤクャヒ	←
茗荷	ガーョミ	←
旅館	ンカョリ	←

1．書いてみましょう

胡瓜	シャワー	桔梗	菖蒲
キャビア	阿修羅	注意	地球
シャックリ	料理		

ブーョシ　ーョキキ　ーワャシ　リーュキ　←

ーュキチ　イーュチ　ラュシア　アビャキ　←

リーョリ　リクッャシ　←

拗濁音（書き　凹面）

ギョ	ギュ	ギャ
ジョ	ジュ	ジャ
ヂョ	ヂュ	ヂャ
ビョ	ビュ	ビャ

拗濁音には４、５の点を付けます。

ギャング　←
グンャギ

孔雀　←
クャジク

湯呑み茶碗　←
ンワャヂミノユ

病人　←
ンニーョビ

拗半濁音（書き　凹面）

拗半濁音には４、６の点を付けます。

ピョ	ピュ	ピャ

カンピョー　←

ーョピンカ

1．書いてみましょう

忍者	ジャム	ジャズ	ジュース
泥鰌	金魚	病気	技術
スーュジ	ズャジ	ムャジ	ャジンニ　←
ツュジギ	キーョビ	ョギンキ	ーョジド　←

練習１（書いてみましょう）

キューポラ	キャプテン	キューピー	シャッター
シューベルト	シャーベット	ペンション	チャンピオン
チョコレート	中学校	ニューヨーク	コンニャク
流行	マンション	ミャンマー	チャンネル
リフレッシュ	ミユージック	自転車	キャラクター

練習２（書いてみましょう）

工場	餃子	ピューマ	ジャケット
ジョキング	ジュネーブ	牛乳	卒業
手術	ギャンブル	屏風	白夜
ジャパン	インタビュー	ポピュラー	メジャー
ジャンボ	レギュラー	ジャガー	

書きの練習６　特殊音

特殊音（書き　凹面）

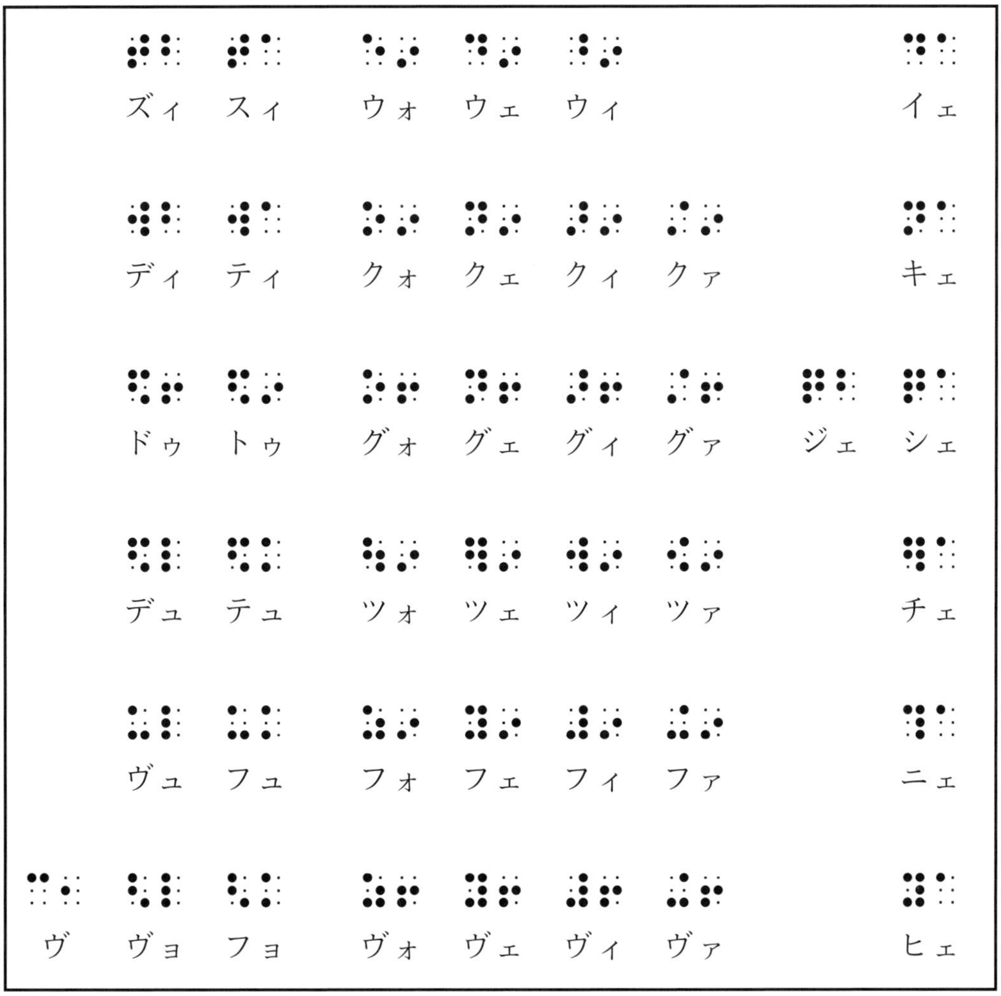

1．書いてみましょう

フォーク　　ウィーン　　フィルム　　メロディー

ノルウェー　　チャリティー　　ディーラー

ウォッチング　　フォーラム　　ヴァンパイア

 ←

ーィデロメ　ムルィフ　ンーィウ　クーォフ

 ←

ーラーィデ　ーィテリャチ　ーェウルノ

 ←

アイパンァヴ　ムラーォフ　グンチッォウ

練習1（書いてみましょう）

ティーカップ　ディーゼル　リフォーム　クォリティー

ウィンナ　ディスカッション　ウォーキング　フェミニスト

フェロモン　フェニックス　フィリピン　ノルディック

ダイジェスト　ボランティア　フィジー　コンサルティング

スウェーデン　プロデューサー　ダーウィン

コミュニティー　インフォメーション

練習2（書いてみましょう）

- □□レコードで□モーツァルトの□名曲を□聴いた
- □□明日□晴れたら□フィッシングに□行く
- □□ファッションを□決めて□外出□する

書きの練習７　数字

数　字

数字には  数符を付けて書きます。

１，　２，　３，　４，　５，　６，　７，　８，　９，　０

5	4	3	2	1	←
（ラ）	（ル）	（ウ）	（イ）	（ア）	

0	9	8	7	6	←
（ロ）	（オ）	（リ）	（レ）	（エ）	

＊読みで覚えたように、ア、イ、ウ、ル、ラ、エ、レ、リ、オ、ロと記憶しても結構です。

1．書いてみましょう

＊数字を１～10まで書いてみましょう

＊下記の数字を書いてみましょう

12、　89、　365、　407、

2006、　35万4291、　354,291

←

７０４　　５６３　　９８　　２１

←

１９２，４５３　　１９２４万５３　　６００２

＊５桁以上の数は「万」「億」と位をカナで書くか、３桁ごとに「位取り点」⠄ を付けてください。文章中の６桁以上の数字はカナで書くのが原則です。

＊下記の数字を書いてみましょう

18年　　27円　　第１位

五郎　　四国　　３丁目

←

位１第　　円７２　　年８１

←

目丁３　　国四　　郎五

＊数字の後にア行とラ行の文字が続くときは、「つなぎ符」⠤ を付けて書いてください。「つなぎ符」がないと、数字に間違えられます。

＊地名・名前等漢数字が使用されている固有名詞は、数量や順序の意味を明確にする必要がある場合を除きカナで書きます。

⠄ 位取り点 ３の点	⠂ 小数点 ２の点	⠤ 第１つなぎ符 ３、６の点

練習１（書いてみましょう）

430	169	5273	0051
216,277	２億６千万	平成18年	角３封筒
500枚	３丁目２番８号	130円	6250円
12月	６階	１等	21世紀
３位	第４回	第406号	５月８日
12月10日	１級	２人	28歳
電話　96－6436－8683		２万7681人	
3.14	0.3	２、３人	憲法９条

――主な単位記号と計算記号――　　凹面

長さ　cm（センチメートル）⠩⠉⠆　　km（キロメートル）⠩⠨⠆

重さ　g（グラム）⠛⠆　　kg（キログラム）⠛⠨⠆

面積　m^2（平方メートル）⠜⠩⠆　　ha（ヘクタール）⠈⠚⠆

体積　m^3（立方メートル）⠍⠩⠆　　ℓ（リットル）⠸⠆

＋（加　号）⠔　　１＋６　⠙⠧⠔⠈⠧

－（減　号）⠢　　７－５　⠊⠧⠢⠛⠧

×（乗　号）⠌　　３×４　⠋⠧⠌⠉⠧

÷（除　号）⠡⠡　　８÷２　⠘⠧⠡⠡⠚⠧

＝（等　号）⠒⠒　　６＋３＝９　⠑⠧⠒⠒⠉⠧⠔⠙⠧

（分数線）⠡　　$\frac{1}{2}$　⠘⠧⠡⠈⠧

書きの練習８　アルファベット

アルフアベット

a　b　c　d　e　f　g　h　i　j

k　l　m　n　o　p　q　r　s　t

u　v　w　x　y　z

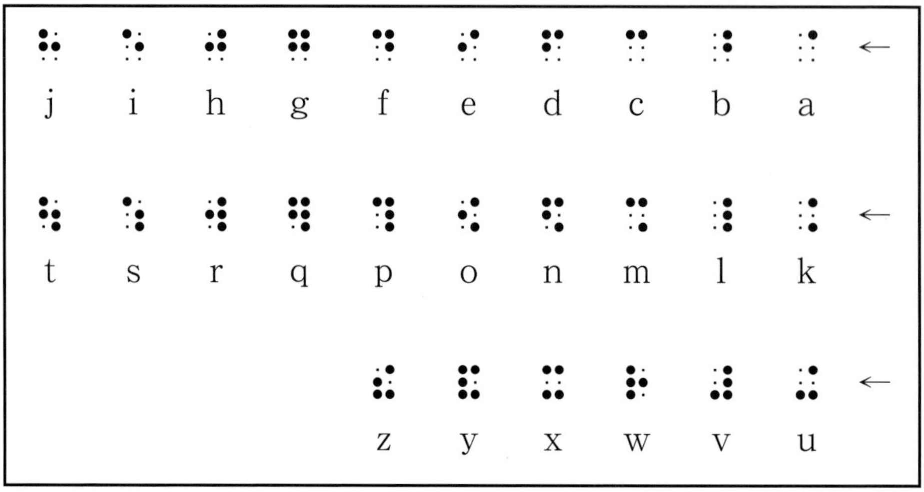

＊アルファベットの略語や記号等には、⠰ 外字符（５、６の点）を付けます。

＊最初の文字が大文字の時には、⠰ 外字符と ⠠ 大文字符（６の点）を付けます。

＊全て大文字の時は、⠰ 外字符と ⠠⠠ 二重大文字符を付けます。

a　b　c　　　　A　b　c　　　　A　B　C

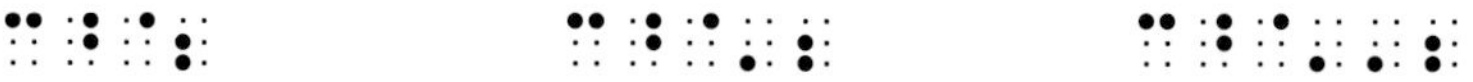

c b a　　　　c b A　　　　C B A

＊アルファベットでの単語や文の場合は ⠦ ～ ⠴ 外国語引用符で囲みます。

l o v e　　　　　I　l o v e　y o u

←

e v o l　　　　u o y　e v o l　I

練習１（書いてみましょう）

a m　　　F A X　　　M V P　　　B S E

m a　X A F　　　P V M　　　E S B

T V　　　L D　　　A D H D　　　D V D

V T　　　D L　　　D H D A　　　D V D

s p o r t s　　　N e w s　　　G u i d e

s t r o p s　　　s w e N　　　e d i u G

N u m b e r　　　Eメール　　　Tシャツ

r e b m u N　　　ルーメ　E　　　ツャシT

W杯サッカー　　　ETCカード

ーカッサ　杯W　　　ドーカ　CTE

100m競争　　　2DK

争競　m001　　　KD2

＊数字＋アルファベット（４ＷＤ） ←
ＤＷ４

アルファベット＋数字（Ｖ３） ←
３Ｖ

かな＋アルファベット（何ｋｇ） ←
ｇｋ何

上記の場合は、続けて書きます。

＊アルファベット＋かな（ＡＢ型） ←
のときは、第１つなぎ符をいれて書きます。 型ＢＡ

練習２（書いてみましょう）

ＯＫ　　ＴＥＬ　　Ｔｅｌ　　ＰＴＡ

ＮＨＫ　　ＳＯＳ　　Ｊａｐａｎ　　ＦＭラジオ

Ｆ１グランプリ　　30ｋｍ　　Ｘ線　　少年Ａ　　ＩＴ革命

① 私の□血液型は□Ｂ型です

② 身長□170ｃｍ□体重□75ｋｇです

―― **間違い直し** ――

一文字一文字正確に書く（打つ）ことが基本ですが、もし間違えて書いたら、間違えた一文字だけでなく、ひと続きの言葉全てを ⠿⠿ メメと、メを２個以上打って消し、その後１マスあけて書き直します。点消しなどで点を潰して修正することもあります。ただ修正が多いと読みづらく、練習文はともかく他の目（指）に触れる文は、新しく書き直すようにしましょう。

書きの練習 9　短文（主な記号・仮名遣い）

文章の書きに使用する主な記号（書き）

⠖（。）句　点　　⠆（、）読　点　　⠔（？）疑問符

⠲（！）感嘆符　　⠂（・）中　点

⠤～⠤「～」第１カギ　　⠰⠤～⠤⠆『～』ふたえカギ

⠶～⠶（～）第１カッコ　　⠰⠶～⠶⠆ ((～)) 二重カッコ

書きの原則（記号）

句点（。）⠖ の後は二マスあけます。

読点（、）⠆ や中点（・）⠂ の後は一マスあけます。

疑問符（？）⠔ や感嘆符（！）⠲ の後は、文末は二マス、文中は一マスあけます。

書きの原則（仮名遣い）

基本は現代仮名遣いですが、下記のように発音どおり書く点字の原則があります。

①　助詞の「は」は、「ワ」と書きます。　　僕は　→　ボクワ

②　助詞の「へ」は、「エ」と書きます。　　家へ　→　イエエ

③　長音の「う」は、「ー」⠒ と書きます。　　盲人　→　モージン
お父さん　→　オトーサン

動詞の「う」は、「ウ」と書きます。　　思う　→　オモウ

「お」列の長音で、墨字で「お」と書くものは　そのまま「オ」と書きます。

通る　→　トオル　　　遠い　→　トオイ

「あ」「い」「え」の列の長音は、そのまま、墨字の通り書きます。

お母さん→オカアサン　　小さい→チイサイ　　お姉さん→オネエサン

書きの原則（行移し）

ひと続きの言葉が、行末に書ききれないときは、言葉の途中で区切ることはしません。その言葉全部を、次の行に移して書きます。

僕は妹と車で学校から家へ帰ろうと思う

⠙⠙⠘□⠊⠌⠒⠕⠐⠌⠂□⠻⠂⠮⠋⠍□⠳⠳⠒⠷⠘□⠠⠍⠵⠂□□　←

エエイ　　ラカーコッガ　　デマルク　トトーモイ　　ワクボ

⠉⠷⠑□⠳⠒⠓⠙⠌

ウモオ　トーロエカ

練習１（書いてみましょう）

誕生日は□シャンパンで□乾杯を□する

⠋⠏□⠢⠘⠬⠄⠦⠌□⠻⠂⠦⠬⠄⠦⠎⠁□⠠⠼⠂⠒⠗⠇⠦⠪□□　←

るす　　　を杯乾　　でンパンャシ　　　　は日生誕

●□□かぼちゃや□キャベツを□使って□料理を□作った

●□□リュックを□背負って□キャンプに□出発だ

●□□今日は□小学校の□入学式です

- □□ピッチャーと□キャッチャーは□野球の□要だ

- □□チューリップに□モンシロチョウが□止まった

- □□東京の□原宿で□ショッピングを□する

- □□ドライブの□途中で□自動車が□故障□した

- □□ミュージカルの□招待状が□届いた

- □□努力の□結果□金賞を□受賞□した

練習 2 （書いてみましょう）

① トリノ□パラリンピックは□平成□18年□３月□10日から□19日まで□４競技□58種目で□行われた。

② 障害者□基礎□年金は□１級で□月額□８万□2508円です。

③ 2004年の□あん摩師の□総数は□９万□8148人で□この□うち□視覚□障害者は□２万□5799人です。

④ 小学□５年□10歳の□時□39.5度の□熱が□１週間も□続いた。

⑤ 2005年□３月□現在□視覚□障害者が□使用□して□いる□盲導犬は□957頭です。

書きの練習10　分かち書きの原則①

1．分かち書き（文節）

① 文節（自立語、自立語＋付属語）ごとに区切ります。

今日□学校は□休みです

② 自立語（名詞、代名詞、動詞、形容詞、形容動詞、副詞、連体詞、接続詞、感動詞）は、区切って書きます。

（山、だれ、登る、高い、元気だ　この、しかし、ああ……）

③ 付属語（助詞、助動詞）は、前の語に続けて書きます。

（が、に、を、へ、たり、です、ます、れる、られる……）

＊文節が分からない時など「ね」や「さ」を入れて、文の意味が変わらなければ、そこを切れ目とする判断もあります。

- 高い山に登る　→　高い□山に□登る
- 皆で公園まで走る　→　皆で□公園まで□走る
- あの頃はとても楽しかった　→　あの□頃は□とても□楽しかった
- 日本および韓国　→　日本□および□韓国
- 学校からバスで駅まで行く　→　学校から□バスで□駅まで□行く

2．分かち書き（複合名詞、複合動詞、複合形容詞）

複合名詞（草木、新学期、飲食店、松並木、欅並木、契約社員）

複合動詞（笑い転げる、振り回される、泣き崩れる）

複合形容詞（甘辛い、蒸し暑い、書きやすい）

① 複合動詞、複合形容詞は続けて書きます。

笑い転げる　→　ワライコロゲル　　泣き崩れる　→　ナキクズレル

甘辛い　→　アマカライ　　蒸し暑い　→　ムシアツイ

② 複合名詞は、3拍以上の意味のまとまりで区切り、2拍以下は続けて書きます。

草木	クサ＋キ	2拍＋1拍で	→	クサキ
新学期	シン＋ガッキ	2拍＋3拍で	→	シンガッキ
飲食店	インショク＋テン	4拍＋2拍で	→	インショクテン
松並木	マツ＋ナミキ	2拍＋3拍で	→	マツナミキ
欅並木	ケヤキ＋ナミキ	3拍＋3拍で	→	ケヤキ□ナミキ
紙吹雪	カミ＋フブキ	2拍＋3拍で	→	カミフブキ
桜吹雪	サクラ＋フブキ	3拍＋3拍で	→	サクラ□フブキ
契約社員	ケイヤク＋シャイン	4拍＋3拍で	→	ケイヤク□シャイン

③ 複合名詞の例外

＊連濁(言葉を続けることで、後ろの言葉が濁る)の言葉は続けて書きます。

株式会社 → カブシキガイシャ　　湯飲み茶碗 → ユノミヂャワン

柱時計 → ハシラドケイ　　小春日和 → コハルビヨリ

＊2拍以下でも自立性が強く意味の理解を助けるときは区切って書きます。

民主主義 → ミンシュ□シュギ　　起死回生 → キシ□カイセイ

歯科医師 → シカ□イシ　　交通事故 → コーツー□ジコ

年平均 → ネン□ヘイキン　　バス停留所 → バス□テイリュージョ

＊自立性が弱い語や、外来語等で、区切ると言葉の意味が損なうおそれのあるものは、3拍以上でも続けて書きます。

悔し涙 → クヤシナミダ　　オーデコロン → オーデコロン

オートマチック → オートマチック

＊語の内部に助詞などを含んでいても、1語としてのまとまりの強い複合語は、続けて書きます。

女の子 → オンナノコ　　虎の巻 → トラノマキ

日の出 → ヒノデ　　世の中 → ヨノナカ

＊漢字４字以上の複合名詞で、副次的な意味の言葉が一つ以上付け加えられた場合は続けて書きます。

海水浴場　→　カイスイヨクジョー　　盲学校長　→　モーガッコーチョー

不連続線　→　フレンゾクセン　　女子大生　→　ジョシダイセイ

＊漢字１字ずつが、対等な関係で並んでいる場合は、適宜区切るか、すべてを続けて書きます。

東西南北　→　トーザイナンボク　　トーザイ□ナンボク

春夏秋冬　→　シュンカシュートー

都道府県　→　トドーフケン

大 中 小　→　ダイチューショー　　ダイ□チュー□ショー

書いてみましょう（分かち書きをしてから書いてみましょう）

①　大学生活最後に札幌のポプラ並木を歩いた。

②　階段から滑り落ち骨折して外科医師に診てもらった。

③　地球温暖化の影響で世界および日本の気候が大きく変化してきている。

④　派遣労働者やパートの非正規雇用者に社会保険に加入していない人が多いと報じられている。

⑤　選手が十分走る力を持っている間は良い試合が出来た。気がかりなのはサッカーの試合は90分間ということだ。

※分かち書きと切れ続き

「分かち書き」は文節でのマスあけですが、長い複合語や固有名詞の間の区切りは「切れ続き」といいます。

ここでは全て「分かち書き」で統一しました。

書きの練習11　分かち書きの原則②

1．分かち書き（固有名詞　人名）

①　人名の名字と名前は区切って書きます。

森鷗外　→　モリ□オーガイ　　徳川家康　→　トクガワ□イエヤス

ヘレン・ケラー　→　ヘレン□ケラー

＊外国人の名前の中点は１マスあけて書きます。

②　人名の後ろの敬称・職名等は３拍以上は区切ります。２拍以下でも自立性の強いものは区切って書きます。

田中先生　→　タナカ□センセイ　　山田部長　→　ヤマダ□ブチョー

藤田医師　→　フジタ□イシ　　たか子叔母　→　タカコ□オバ

幸田露伴著　→コーダ□ロハン□チョ　　一葉作　→　イチヨー□サク

＊２拍以下で自立性の弱いものは続けて書きます。

池田家　→　イケダケ　　石井派　→　イシイハ

③　人名の後ろの「さん」「君」「様」「殿」「氏」等は区切って書きます。

木村さん　→　キムラ□サン　　渡辺様　→　ワタナベ□サマ

山内氏　→　ヤマウチ□シ　　和夫君　→　カズオ□クン

＊普通名詞の後ろは続けて書きます。

魚屋さん　→　サカナヤサン　　主任さん　→　シュニンサン

お客様　→　オキャクサマ　　伯爵様　→　ハクシャクサマ

＊人名の愛称等は続けて書きます。

愛ちゃん　→　アイチャン　　寅さん　→　トラサン

欽ちゃん　→　キンチャン

書いてみましょう（分かち書きをしてから書いてみましょう）

①　車寅次郎は皆さんに寅さんと呼ばれている。

②　林さん宛に中村課長より連絡が入った。

2．分かち書き（固有名詞　地名等）

①　地名等は、段階ごとに区切って書きます。

東京都新宿区西早稲田２丁目３番地

トーキョート□シンジュクク□ニシワセダ□２チョーメ□３バンチ

北海道函館市青柳町

ホッカイドー□ハコダテシ□アオヤギチョー

②　地名・国名及び地名と普通名詞等で構成される複合名詞や団体・会社等で意味のまとまりが二つ以上あるときは区切って書きます。２拍以下は続けて書きます。ただし、区切ると意味の理解を損なうおそれのある場合は続けて書きます。

アメリカ合衆国　→　アメリカ□ガッシューコク

中華人民共和国　→　チューカ□ジンミン□キョーワコク

会津若松市　→　アイヅ□ワカマツシ　　知床岬　→　シレトコ□ミサキ

下北半島　→　シモキタ□ハントー　　四万十川　→　シマントガワ

駿河湾　→　スルガワン　　淡路島　→　アワジシマ

能登半島　→　ノト□ハントー　　唐招提寺　→　トーショーダイジ

東京都庁　→トーキョー□トチョー　　岐阜県庁　→　ギフ□ケンチョー

全国心身障害児福祉財団　→

ゼンコク□シンシン□ショーガイジ□フクシ□ザイダン

練習１　書いてみましょう（分かち書きをしてから書いてみましょう）

①　福澤諭吉先生は慶応義塾大学の創立者です。

②　らくだでサハラ砂漠とナイル川を越えました。

③　私の故郷は山形県村山郡河北(カホク)町です。

④　石川啄木は東京文京区の播磨(ハリマ)坂の近くで26歳の短い生涯を閉じた。

⑤　樋口一葉は本郷菊坂（ホンゴウキクザカ）に住み萩（ハギ）の舎（ヤ）時代にはひなっちゃんと呼ばれていた。

練習２（書いてみましょう）

①　12月９日は障害者の日です。

②　点字は縦３、横２の６点でできています。

③　11月１日は「日本点字制定の日」です。

④　1825年フランスのルイ・ブライユが世界で初めて６点式の点字を考案しました。

⑤　1926年（大正15年）に衆議院選挙の点字投票が認められました。

⑥　1890年日本では東京盲唖学校（現筑波大学附属盲学校）の教師石川倉次が日本語の点字を考案しました。

⑦　視覚障害者が指で読む文字を点字、一般に使用されている文字を墨字といっています。

⑧　点字はかな文字体系であるが、漢字を表す点字に漢点字と六点漢字があります。

⑨　点字を書く道具に点字器があります。（点字盤・携帯用点字器・点字タイプライター等）近年はパソコンで点訳するのが主になっています。

⑩　各県に点字図書館があります。東京都新宿区高田馬場には日本点字図書館があります。また「点字毎日」や「点字JBニュース」等の新聞もあります。

書きの練習12　文章（短文）

――文章の書き方（レイアウト）――

1．行頭は２マスあけて書きます。

2．段落は行替えをして、行頭を２マスあけて書きます。

3．行末は、ひと続きの言葉の途中で行を移したりしません。それゆえ、行末は一定ではありません。

練習１　下記の文を書きましょう。

①

　同じ形をした物を、目を使わずに区別するとしたら、あなたはどうしますか。容器の形が同じシャンプーとリンスでは、シャンプーの方に何本かの線が浮き上がっているのを知っていますか。これは、目の不自由な人がさわって分かるように付けられたものなのです。

②

　テレフォンカードの丸い切りこみも、さわって分かるようにするための工夫です。どのカードにも、左手前に切りこみが付けられているので、カードの裏表や入れる向きが分かります。さらに、丸い切りこみはテレフォンカード、三角は電車やバスなどの乗り物、四角は買い物のカードと、切りこみの形によって種類が区別できるようになっています。

③

> 目の不自由な人のための点字の表示も、街のあちこちで見かけるようになりました。駅の券売機には、金額や「よびだし」「とりけし」などのボタンの説明が点字で表示されています。エレベーターの表示板にも、階数や「あけ」「しめ」などが点字で書かれているものが増えてきました。缶ビールや缶に入ったお酒に、「ビール」「おさけ」などと点字で書かれているのを見たことがある人もいるでしょう。

（学校図書　小学校国語　4年下　黒崎恵津子「点字を通して考える」より）

―― 点字器（点字盤）での書きの要点 ――

1、右から左に書きます。

2、一字一字正確に書いてください。

3、分かち書きをして書きます。

4、分かち書きには規則があります。規則をしっかり覚えて書いてください。

5、現代仮名遣いで書きますが、基本的に発音どおり書きます。

・助詞の「は」は、「ワ」と書きます。

・助詞の「へ」は「エ」と書きます。

・長音の「う」は、「ー」と書きます。

6、行末に、ひと続きの言葉が書ききれないときは、行を移して書きます。言葉の途中で区切ることはしません。

7、文の行頭は2マスあけて書きます。

8、句点（。)の後ろは2マス、読点（、）の後ろは1マスあけます。

9、書き間違えた場合は、⠿⠿を打って潰すか、点消し等で修正します。修正が多い時は新しく書き直しましょう。

10、書き終わったら、必ず読み返してください。

書きの練習13　文章の点訳

＊見出しは２マス単位であけて書きます。（たとえば、大見出しは６マスあけて、次の見出しは４マスあけて、本文２マスあけて書き始める等）

練習１（下記の文を書いてみましょう）

点字を通して考える

黒﨑　恵津子

今、世界中で使われている点字は、フランスのルイ・ブライユによって1825年に創られました。ブライユは、３歳の時に事故で失明し、10歳でパリの盲学校に入学しました。そこでブライユは、「とつ字」という文字に出会いました。パリの盲学校では、文字をそのままの形で浮き上がらせた「とつ字」の本を使っていたのです。それまでだれかに読んでもらわなければ本を読むことができなかったブライユは、浮き上がった文字に初めてふれて、とても興奮しました。

けれども、それに慣れてくると、ブライユにとって「とつ字」は、やはり満足できるものではありませんでした。１文字ずつ指で確かめながら読んでいると、最初の方に書いてあったことを忘れてしまいます。また、本を作るのは大変な作業で、本の種類もわずかだし、１冊の本でも、何冊もの重い本になってしまいます。それに、読むことはできても、自分で書くことはできないのです。

そんな時、シャルル・バルビエという人が盲学校を訪れ、自分がつくった12点の点字を紹介しました。バルビエは軍人で、戦場で夜でもさわって分かる暗号を考え出し、それを盲人用の文字として使うことを思いついたのです。「とつ字」に比べて、点でできた文字は、はるかに分かりやすいものでした。けれども、バルビエの点字には、つづりを正確に書き表せないということと、12個もの点は指先に入りきらないという欠点がありました。

ブライユは、自分自身で点字の研究を始めました。夜は寄宿舎で友達が寝た後で、夏休みは家に帰って、長い間研究を続けました。そしてとうとう、16歳の時に、６点から成る点字を完成させました。その後、ブライユは盲学校の先生となり、授業をする一方で点字の研究を続け、楽譜も点字で書けるようになりました。

（学校図書　小学校国語　４年下　「点字を通して考える」より）

書きの練習14　手紙を書く

手紙の書き方

1．宛名や日付、発信人の名前等は最初に書くのが一般的です。

2．点字の手紙は点字紙を折って封筒に入れるので、四つ折の場合は標準の点字盤では、用紙の裏面の４・９・14の各行に ⠒ の線を一行書くと、折り目ができ封筒に入れやすいです。三つ折りの場合は５・12行目に入れます。

3．点字の郵便物は、無料で郵送することができます。この場合は一部開封して、切手をはる位置に「盲人用」と表示をします。

練習１　下記の文を点字の手紙で書いてみましょう。

オダ□ノブオ□サマ

□□□□□□2006ネン□４ガツ□30ニチ

□　　　　　　　　　　　　　　□ヤマウチ□カズヒロ□□

□□拝啓□□桜の□花も□一斉に開花し春爛漫の時節となりました。

　このたびは、大学を卒業して、地元の高等学校に就職されたとのこと、お喜び申しあげます。明日を担う生徒たちの育成、大いにやりがいがあります。君のフレッシュな感覚で、新風を吹き込み活躍されることを期待しています。

敬具

練習２　友達に手紙を書いてみましょう。

（※携帯用点字器（６行書き）では、四つ折は５・12・19行目、三つ折は８・17行目に折り目を入れる。）

解　答

P 29

心の目で見る人

ある金持ちの家に招かれていったときのことです。部屋で座っていると、目の前の廊下をだれかが通り過ぎました。保己一は、入ってきた主人にたずねました。

「今、この前を通った人は、足が悪いようですね」

主人は答えて、

「いいえ、あの者は長い間うちで働いてもらっている使用人ですが、体のどこにも悪いところはないと思いますよ」

しかし、保己一はその言葉に納得しませんでした。たとえ足が悪くなくても何かあるにちがいない、と言い張ったのです。

保己一があまりにいうものですから、主人が調べてみると、その使用人はスイカを袂に入れて、こっそり持ち出そうとしていたのです。主人は保己一の勘がいいのには感心してしまいました。

P 30

南無阿弥陀仏を6点の点字に直すと解読できます。

P 66

1。　ダイガク　セイカツ　サイゴニ　サッポロノ

ポプラ　ナミキヲ　アルイタ。

2。　カイダンカラ　スベリオチ　コッセツ　シテ　ゲカ

イシニ　ミテ　モラッタ。

3。　チキュー　オンダンカノ　エイキョーデ　セカイ
オヨビ　ニホンノ　キコーガ　オオキク　ヘンカ　シテ　キテ　イル。

4。　ハケン　ロードーシャヤ　パートノ　ヒ　セイキ
コヨーシャニ　シャカイ　ホケンニ　カニュー　シテ　イナイ
ヒトガ　オオイト　ホージラレテ　イル。

5。　センシュガ　ジューブン　ハシル　チカラヲ　モッテ
イル　アイダワ　ヨイ　シアイガ　デキタ。　キガカリナノワ
サッカーノ　シアイワ　90プンカント　イウ　コトダ。

P 67

1。　クルマ　トラジローワ　ミナサンニ　トラサント
ヨバレテ　イル。

2。　ハヤシ　サンアテニ　ナカムラ　カチョーヨリ
レンラクガ　ハイッタ。

P 68

1。 フクザワ ユキチ センセイワ ケイオー ギジュク

ダイガクノ ソーリツシャデス。

2。 ラクダデ サハラ サバクト ナイルガワヲ

コエマシタ。

3。 ワタシノ コキョーワ ヤマガタケン

ムラヤマグン カホクチョーデス。

4。 イシカワ タクボクワ トーキョー ブンキョークノ

ハリマザカノ チカクデ 26サイノ ミジカイ

ショーガイヲ トジタ。

P 69

5。 ヒグチ イチヨーワ ホンゴー キクザカニ スミ

ハギノヤ ジダイニワ ヒナッチャント ヨバレテ イタ。

P73

オダ　ノブオ　サマ

2006ネン　4ガツ　30ニチ

ヤマウチ　カズヒロ

ハイケイ　サクラノ　ハナモ　イッセイニ　カイカ　シ　ハル

ランマンノ　ジセツト　ナリマシタ。

コノタビワ、　ダイガクヲ　ソツギョー　シテ、

ジモトノ　コートー　ガッコーニ　シューショク　サレタトノ

コト、　オヨロコビ　モーシアゲマス。　アスヲ　ニナウ

セイトタチノ　イクセイ、　オオイニ　ヤリガイガ　アリマス。

キミノ　フレッシュナ　カンカクデ、　シンプーヲ　フキコミ

カツヤク　サレル　コトヲ　キタイ　シテ　イマス。

ケイグ

＊ここに記載した練習問題の解答以外は、ほぼ読み書き対で解答があります。（一部短文で対になっていないものもあります。）練習問題が終了しましたら答を確かめ、間違いが多いときは再度練習しましょう。ただ12、「点字　読みましょう」は解答がありません。

点字一覧表（凸面）

清音

⠁ ア	⠃ イ	⠉ ウ	⠋ エ	⠊ オ
⠡ カ	⠣ キ	⠩ ク	⠫ ケ	⠪ コ
⠱ サ	⠳ シ	⠹ ス	⠻ セ	⠺ ソ
⠕ タ	⠗ チ	⠝ ツ	⠟ テ	⠞ ト
⠅ ナ	⠇ ニ	⠍ ヌ	⠏ ネ	⠎ ノ

⠥ ハ	⠧ ヒ	⠭ フ	⠯ ヘ	⠮ ホ
⠵ マ	⠷ ミ	⠽ ム	⠿ メ	⠾ モ
⠌ ヤ		⠬ ユ		⠜ ヨ
⠑ ラ	⠓ リ	⠙ ル	⠛ レ	⠚ ロ
⠄ ワ	⠔ ヲ			

⠴ ン	⠒ ー	⠂ ッ
撥音符	長音符	促音符

濁音・半濁音

⠐⠡ ガ	⠐⠣ ギ	⠐⠩ グ	⠐⠫ ゲ	⠐⠪ ゴ
⠐⠱ ザ	⠐⠳ ジ	⠐⠹ ズ	⠐⠻ ゼ	⠐⠺ ゾ
⠐⠕ ダ	⠐⠗ ヂ	⠐⠝ ヅ	⠐⠟ デ	⠐⠞ ド
⠐⠥ バ	⠐⠧ ビ	⠐⠭ ブ	⠐⠯ ベ	⠐⠮ ボ
⠠⠥ パ	⠠⠧ ピ	⠠⠭ プ	⠠⠯ ペ	⠠⠮ ポ

数字等

⠼ 数符	⠁ 1	⠃ 2	⠉ 3	⠙ 4	⠑ 5
	⠋ 6	⠛ 7	⠓ 8	⠊ 9	⠚ 0

⠂ 小数点	⠄ 位取り点
⠄ アポストロフィ	

拗音・拗濁音・拗半濁音

⠈⠡ キャ	⠈⠩ キュ	⠈⠪ キョ
⠈⠱ シャ	⠈⠹ シュ	⠈⠺ ショ
⠈⠕ チャ	⠈⠝ チュ	⠈⠞ チョ
⠈⠅ ニャ	⠈⠍ ニュ	⠈⠎ ニョ

⠈⠥ ヒャ	⠈⠭ ヒュ	⠈⠮ ヒョ
⠈⠵ ミャ	⠈⠽ ミュ	⠈⠾ ミョ
⠈⠑ リャ	⠈⠙ リュ	⠈⠚ リョ
⠘⠡ ギャ	⠘⠩ ギュ	⠘⠪ ギョ

⠘⠱ ジャ	⠘⠹ ジュ	⠘⠺ ジョ
⠘⠕ ヂャ	⠘⠝ ヂュ	⠘⠞ ヂョ
⠘⠥ ビャ	⠘⠭ ビュ	⠘⠮ ビョ
⠨⠥ ピャ	⠨⠭ ピュ	⠨⠮ ピョ

特殊音

イェ	
キェ	
シェ	ジェ
チェ	
ニェ	
ヒェ	

	ウィ	ウェ	ウォ
クァ	クィ	クェ	クォ
グァ	グィ	グェ	グォ
ツァ	ツィ	ツェ	ツォ
ファ	フィ	フェ	フォ
ヴァ	ヴィ	ヴェ	ヴォ

スィ	ズィ	
ティ	ディ	
トゥ	ドゥ	
テュ	デュ	
フュ	ヴュ	
フョ	ヴョ	ヴ

アルファベット

a	b	c	d	e	f	g	h	i	j
k	l	m	n	o	p	q	r	s	t
u	v	w	x	y	z				

外字符	外国語引用符	大文字符	二重大文字符	ピリオド（.）	斜線／

符号・記号

読点、	句点。	中点・	疑問符？	感嘆符！	第１カギ「〜」	ふたえカギ『〜』

第１カッコ（〜）	二重カッコ((〜))	棒線——	点線……	波線〜	第１つなぎ符

点字一覧表（凹面）

清音

オ	エ	ウ	イ	ア
コ	ケ	ク	キ	カ
ソ	セ	ス	シ	サ
ト	テ	ツ	チ	タ
ノ	ネ	ヌ	ニ	ナ

ホ	ヘ	フ	ヒ	ハ
モ	メ	ム	ミ	マ
ヨ		ユ		ヤ
ロ	レ	ル	リ	ラ
ヲ	ワ			

ッ	ー	ン
促音符	長音符	撥音符

濁音・半濁音

ゴ	ゲ	グ	ギ	ガ
ゾ	ゼ	ズ	ジ	ザ
ド	デ	ヅ	ヂ	ダ
ボ	ベ	ブ	ビ	バ
ポ	ペ	プ	ピ	パ

数字等

5	4	3	2	1	数符
0	9	8	7	6	

位取り点	小数点
	アポストロフィ

拗音・拗濁音・拗半濁音

キョ	キュ	キャ
ショ	シュ	シャ
チョ	チュ	チャ
ニョ	ニュ	ニャ

ヒョ	ヒュ	ヒャ
ミョ	ミュ	ミャ
リョ	リュ	リャ
ギョ	ギュ	ギャ

ジョ	ジュ	ジャ
ヂョ	ヂュ	ヂャ
ビョ	ビュ	ビャ
ピョ	ピュ	ピャ

特殊音

	ズィ	スィ	ウォ	ウェ	ウィ				イェ
	ディ	ティ	クォ	クェ	クィ	クァ			キェ
	ドゥ	トゥ	グォ	グェ	グィ	グァ		ジェ	シェ
	デュ	テュ	ツォ	ツェ	ツィ	ツァ			チェ
	ヴュ	フュ	フォ	フェ	フィ	ファ			ニェ
ヴ	ヴョ	フョ	ヴォ	ヴェ	ヴィ	ヴァ			ヒェ

アルファベット

j	i	h	g	f	e	d	c	b	a
t	s	r	q	p	o	n	m	l	k
				z	y	x	w	v	u

斜線 ／	ピリオド （．）	二重大文字符	大文字符	外国語引用符	外字符

符号・記号

ふたえカギ 『〜』	第１カギ 「〜」	感嘆符 ！	疑問符 ？	中点 ・	句点 。	読点 、

第１つなぎ符	波線 〜	点線 ……	棒線 ――	二重カッコ ((〜))	第１カッコ (〜)

参考文献

1「日本点字表記法2001年版」　日本点字委員会
2「点訳のてびき　第３版」　全国視覚障害者情報提供施設協会
3「点字表記辞典　改訂新版」　視覚障害者支援総合センター
4「点訳のしおり」　本間一夫著　日本点字図書館
5「初めての点訳　第２版」　全国視覚障害者情報提供施設協会
6「点字・点訳入門講座」　浅海福子著　U－CAN生涯学習局
7「点字・点訳基本入門」　当山　啓著　産学社
8「点字・点訳完全マスター」　阿佐　博監修　遠藤謙一著　小学館
9「点訳問題集（基礎編・応用編・例文編）」全国視覚障害者情報提供施設協会
10「点訳例文集」　日本点字図書館
11「点字　はじめの一歩」　黒﨑恵津子著　汐文社
12「点字のひみつ」　黒﨑恵津子著　岩崎書店

より専門的に

1「点字数学記号解説暫定改訂版」　日本点字委員会
2「点字理科記号解説暫定改訂版」　日本点字委員会
3「初歩から学ぶ英語点訳　改訂版」　福井哲也著　日本点字図書館
4「試験問題の点字表記」　日本点字委員会
5「点訳のための触図入門」　日本点字図書館
6「表点訳の基礎」　日本点字図書館
7「点字楽譜の手引」　文部省著作　日本ライトハウス
8「情報処理用点字のてびき」　長岡英司著　視覚障害者支援総合センター

著　者

米谷　忠男（よねや　ただお）

東京都立葛飾盲学校等都内の盲学校・聾学校に勤務しその後、東京都立高島養護学校長、東京都立久我山盲学校長を経て、都立文京盲学校長を'04に退職
現在　淑徳短期大学、武蔵野大学の非常勤講師で福祉の講座を担当している。

点字協力者

黒﨑　恵津子（くろさき　えつこ）

筑波大学附属盲学校を経て現在東京都立文京盲学校勤務
「ボランティアに役立つはじめての点字」（全５巻）岩崎書店、「点字の世界へようこそ」（全３巻）汐文社、「点字技能ハンドブック改訂版」視覚障害支援総合センター、「視覚障害者にかかわるしごと事典」大活字等、多くの著書・共著がある。

初級練習帳

THE 点字習得テキスト

福祉を学ぶ学生や視覚障害教育に
携わる人たち，ボランティアの人たちに

平成18年9月15日　初版発行
令和7年3月5日　第13刷発行

■著　者　米　谷　忠　男

■点字協力　黒　﨑　恵津子

■発行者　加　藤　勝　博

■発行所　ジ ア ー ス　教 育 新 社

〒101－0054　東京都千代田区神田錦町1－23　宗保第2ビル
Tel. 03-5282-7183
Fax. 03-5282-7892
E-mail:info@kyoikushinsha.co.jp
URL:https://www.kyoikushinsha.co.jp/

Printed in Japan

■カバーデザイン：エド・グラフィック・デザイン

定価はカバーに表示してあります。

ISBN978-4-921124-63-2